18. Geburtstag:
Endlich volljährig!

Matthias Burger

Rat & Tat - Medien

DRUCK: Amazon Deutschland oder Partner

Der Druck erfolgt in chlorfreier Tinte und das säurefreie Papier für den Innenteil des Buches wird von einem Anbieter mit Forest Stewardship Council-Zertifizierung bezogen. Alle Abfälle, die beim Drucken entstehen und sich im Büroalltag anfallen, werden ordentlich recycelt und verwertet. Zudem werden in der Zukunft weiterhin Prozesse stattfinden, um die Umweltfreundlichkeit zu versichern. Damit verpflichtet sich der Druckpartner Amazon und seine Partner dazu, seinen Teil zum Umweltschutz beizutragen.

Unser Verlag verzichtet zudem auf überflüssigen Schriftverkehr und wickelt alle Prozesse digital ab. Dies spart Ressourcen und schont die Umwelt!

ISBN: 978-3-9822785-5-1

18. GEBURTSTAG

ENDLICH VOLLJÄHRIG!

100 Dinge, die du jetzt endlich **tun** kannst...
... oder besser **lassen** solltest

by Matthias Burger

INHALTSVERZEICHNIS

LEINEN LOS FÜR DIE ZUKUNFT! 50 DINGE, DIE DU JETZT TUN KANNST.

AUCH LEBENSSCHIFFE MÜSSEN GEWARTET WERDEN 50 DINGE, DIE DU LASSEN SOLLTEST

ANHANG

Aus Liebe zur Umwelt verzichten wir auf Fotos & Farbdruck.

LEINEN LOS FÜR DIE ZUKUNFT!

50 DINGE, DIE DU JETZT TUN KANNST.

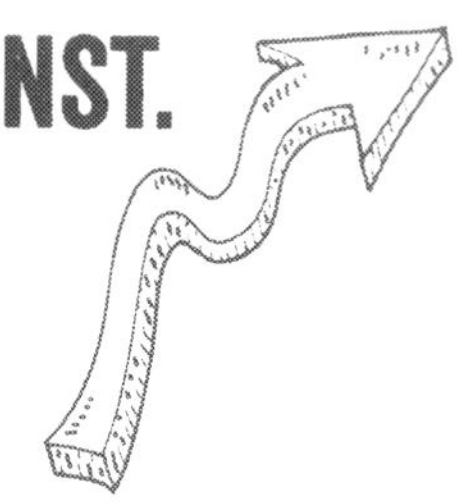

Unabhängig von allen Pflichten, mit denen uns die Volljährigkeit konfrontiert, haben wir in großem Maß die Zügel unseres Lebens ab sofort selbst in der Hand. Jeder von uns entscheidet, in welche Richtung sein Leben gehen soll, was das eigene Lebensglück bestimmt und mit welchen Menschen wir uns an welchen Orten umgeben. Nicht immer landet man dabei den großen Coup. Das ist für ein gelungenes Leben allerdings auch nicht wirklich wichtig. Innerhalb der gesetzlichen Rahmenbedingungen und anderen äußeren Grenzen können und sollten wir das Leben auskosten und genießen. Inklusive hinfallen, aufgeschürften Knien und verheulten Nächten bei tonnenweise Eiscreme und Junkfood. Denn große und kleine Katastrophen gehören zum Leben dazu. Sie prägen uns, sie lassen uns wachsen und sie stellen neue Weichen. Nur für das Pusten und Wunden lecken müssen wir ab jetzt meistens selber sorgen. Auch wenn unsere Eltern das perfektioniert haben: Trostpflaster und Trostbonbon können wir uns jetzt selber kaufen. Und wenn uns danach wäre, auch ganze Kisten voll davon. Denn selbst die Bauchschmerzen danach, nehmen wir jetzt auf unsere eigene Kappe.

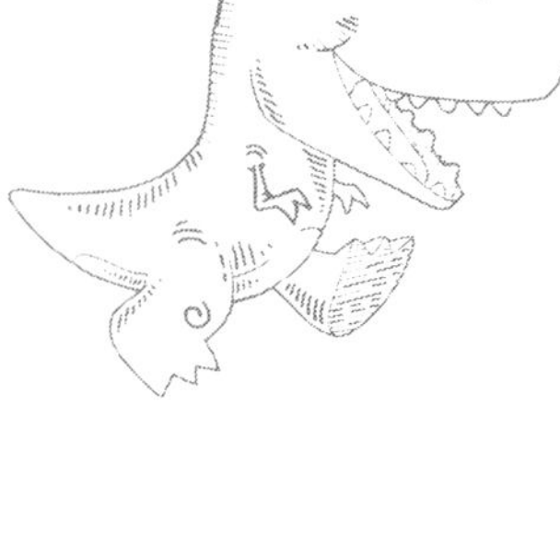

1. DIE EIGENE POSITION

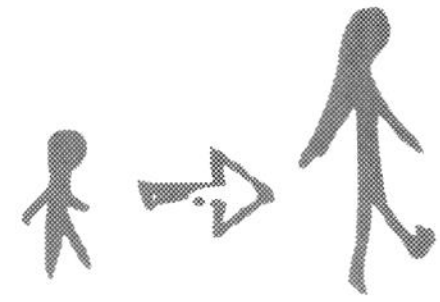

Mit der Volljährigkeit ändert sich die eigene Position sowohl im eigenen Erleben als auch innerhalb der Gesellschaft. Je nach Elternhaus und Erziehung weiß man, von Ausnahmen einmal abgesehen, mehr schlecht als recht um die eigene Position. Denn auch wenn die Kinder- und Jugendjahre von wachsender Autonomie und rasanten Entwicklungen der Selbstständigkeit geprägt waren, liefen sie immer unter dem Schutzschirm von Eltern, Familie und Kinderrechten. Mit der Volljährigkeit verändert sich das. Zwar bleibt für die meisten von uns der elterliche oder familiäre Hafen erhalten und bei Problemen können wir uns vertrauensvoll an die Familie wenden. Grundsätzlich sind wir jetzt aber für uns und unser Leben selbst verantwortlich und müssen die Kohlen selbst aus dem Feuer holen. Selbstverständlich wären manche Eltern froh, weiterhin wie die Einsatztruppe zur Stelle zu sein, wenn es brennt. Ihr Job ist das allerdings nicht. Ebenso wenig wie man als Volljähriger Anspruch auf die elterliche Rettung hat. Und mal ehrlich: Möchten wir wirklich, dass sich unsere Eltern bei unseren Vorgesetzten oder Ausbilder*innen beschweren? Vermutlich müssten wir uns in diesem Fall sowieso einen neuen Job oder eine neue Ausbildungsstelle suchen. Andernfalls sind uns die Witze der Kollegen sicher und der Job wird schnell zum Spießrutenlauf.

Besser ist es also, für sich selbst einzustehen und die eigene Position zu finden. Leider gibt es dazu nicht wirklich eine Anleitung, auch wenn sich viele Fachdisziplinen wie die Psychologie, die Philosophie oder die Ethik mit diesem Thema befassen. Zumal die eigene Position mit vielen anderen Aspekten wie dem Selbstwert und der Selbstachtung verknüpft ist. Erst wenn ich meinen eigenen Wert kenne, kann ich auch für ihn eintreten. Auf der anderen Seite helfen das Wissen und Erleben der eigenen Position und des eigenen Wertes, ...

- ★ sich im beruflichen und privaten Umfeld zu behaupten,
- ★ sich konstruktiv mit Kritik auseinanderzusetzen,
- ★ unterscheiden zu können, wann ich als Person kritisiert werde und wann meine Arbeit bewertet wird,

- zu entscheiden, mit welchen Menschen ich mich umgeben möchte,
- zu differenzieren, was in der zwischenmenschlichen Interaktion ein No-Go wäre,
- die eigenen Grenzen wahrnehmen, abstecken und schützen zu können oder
- um ganz banale Alltagsentscheidungen zu treffen.

Was genau ist aber der Selbstwert eines Menschen? Der Selbstwert, der auch als Selbstwertschätzung, Selbstvertrauen oder Selbstwertgefühl bezeichnet wird, geht weit über die emotionale Ebene hinaus. Vielmehr beschreibt er, wie wir das Bild, welches wir von uns selbst haben, bewerten und wie wir gegenüber diesem Selbstbild eingestellt sind.[1]

Jeder von uns kennt Situationen, in denen wir uns für ein Verhalten selbst bestraft und kleingemacht haben. Nicht umsonst ist der Mensch sich selbst der schärfste Kritiker. In diesem Fall spüren wir den Selbstwert. Optimal wäre eine ausgeglichene Bewertung der eigenen Person. Das bedeutet, sowohl die eigenen Schwächen als auch die eigenen Stärken wahrzunehmen. Wurden wir in der Familie ein gesunder Selbstwert nicht gefördert (z. B. wenn der Vater als autoritäres Familienoberhaupt alle Kritik des Kindes im Keim erstickt) und ist man selbst eher unsicher und zurückhaltend, verliert unser Selbstwert die Balance.

Nun könnte man fragen, was das mit der Volljährigkeit und der eigenen Position zu tun hat. Schließlich erlebt man mit der Volljährigkeit das nahezu berauschende Gefühl, alles tun und lassen zu können. Das berauschende Gefühl hält, so wie es für Gefühle typisch ist, jedoch nicht lange an. Und ein niedriger Selbstwert kann uns das Leben schwer machen und unsere Position schwächen. In diesem Zustand machen wir uns zur Angriffsfläche unserer Umwelt, ähnlich dem ängstlichen Kaninchen. Das ruft nun wiederum Menschen auf den Plan, die für den eigenen Selbstwert die Schwäche des Gegenübers ausnutzen. Solche finden sich in Vorgesetzten, Ausbilder*innen und Kolleg*innen ebenso wie unter Freund*innen und Bekannten. Am Ende wird man zum Spielball seiner Umwelt. Sehen wir uns anhand von Beispielen an, wie sich das zeigen kann:

Die Studentin Maria H. wird von allen als fürsorglich und lieb wahrgenommen. Sie verpasst keine Vorlesungen und Seminare, egal ob sie um 8 Uhr morgens oder an Brückentagen stattfinden. Damit die anderen Kommiliton*innen sie mögen, können sie ihre Vorlesungsmitschriften kopieren und nutzen. Während Maria H. glaubt, durch ihr Verhalten Freund*innen zu finden, sehen ihre Kommiliton*innen in ihr nur die Idiotin, die man nicht ernst nehmen kann. Die man aber braucht, will man nicht morgens um 8 Uhr selbst im Hörsaal sitzen. Spätestens, wenn Maria H. ihre Mitschriften nicht mehr zur Verfügung stellt, werden ihr Ärger und Ablehnung der Kommiliton*innen entgegenschlagen. Das zu erkennen ist schmerzhaft. Es ist jedoch ein wichtiger Schritt, die eigene Position zu verändern und sich eine bessere Position zu erarbeiten. In diesem Fall wäre die bessere Position: Maria H. stellt ihre Mitschriften nicht mehr zur Verfügung und findet durch ihre Standhaftigkeit und ihr neugewonnenes Selbstbewusstsein Freund*innen, die sie fernab von Mitschriften mögen und schätzen.

Der Auszubildende Julius T. wird regelmäßig von seiner Ausbilderin vor der gesamten Berufsschulklasse lautstark zurechtgewiesen und kritisiert. Er nimmt die Situation hin, selbst wenn es keine Berechtigung dafür gibt und sich die Ausbilderin nicht an die professionellen Kommunikations- und Umgangsformen hält. Obwohl er nach außen gleichgültig gegenüber des Verhaltens der Ausbilderin wirkt, leidet er seelisch darunter. Mit Angst geht er jeden Tag in die Berufsschule. Er verliert die Freude am Leben und zieht sich zurück. Er wurde zum Punchingball der Ausbilderin, die ihren Frust an ihm ablässt. Eine Veränderung kann hier nur erfolgen, wenn Julius T. sich dieses Verhalten nicht gefallen lässt. Die bessere Position wäre: Julius T. wendet sich an eine Vertrauensperson (z.B. Vertrauenslehrer*in, Eltern, Hausärzt*in), plant und übt mit dieser, wie er sich gegen das Verhalten der Ausbilderin wehren und welche Schritte er unternehmen kann. Dieser Weg ist wichtig, auch wenn er mit der Angst verbunden ist, dass sich Konsequenzen für die Ausbilderin ergeben. Nicht Julius T. ist für das Fehlverhalten der Ausbilderin verantwortlich. Die Verantwortung liegt ausschließlich bei ihr. Julius T. trifft keine Schuld. In dem Moment, wo er konstruktive Gegenmaßnahmen unternimmt, stärkt es sein Selbstbewusstsein, die Ausbildung macht wieder Spaß und sein Ansehen im Klassenverband ändert sich positiv.

2. DIE WELT ZU FÜßEN

Mit der Volljährigkeit liegt dir die Welt zu Füßen. Kein anderer Lebensabschnitt zeichnet sich durch diese besondere Mischung aus Aufbruchsstimmung, Neugier, Freiheit und unbegrenzte Welten aus.

Was auch immer du als Volljähriger tust, trägt den Zauber des ersten Mals in sich: Das erste Mal Feiern ohne Ausgangsbeschränkung, das erste Mal verreisen auf eigene Verantwortung, das erste Mal für die eigenen Fehler einstehen. Oft ist der Zauber, der jedem ersten Mal innewohnt, eher subtil. Was dazu führt, dass sich die Volljährigkeit als ziemlich unspektakulär darstellen kann. Vor allem, wenn du noch zu Hause wohnst, zur Schule gehst und dein Alltag seinen gewohnten Gang geht. All die Dinge, die du plötzlich tun kannst, treten nicht just am Tag deiner Volljährigkeit in Erscheinung. Und anders als in vielen indigenen Völkern, gibt es in der westlichen Welt keine Rituale, mit denen der Eintritt in die Welt der Erwachsenen zelebriert wird. Was auch ein Grund dafür ist, dass der große Schritt der Volljährigkeit weniger spektakulär und vielfach unbewusst an uns vorbeizieht. Von der Geburtstagsfeier einmal abgesehen. Doch selbst dieses westliche Ritual fällt bei vielen jungen Menschen entweder ins Wasser oder gestaltet sich nicht anders als die Geburtstage. Der lebensverändernde Schritt, der die Volljährigkeit begleitet steht eher selten im Mittelpunkt.

Aus den USA schwappte auch die Welle des WalkAways zu uns. Ein in Anlehnung an die Initiation nordamerikanischer Indianervölker von US-Psychologen entwickeltes Ritual. Ziel ist es, den Übergang ins Erwachsenenleben bewusst zu gestalten und nach einem 24-stündigen Aufenthalt im Wald (ausgestattet mit Isomatte, Schreibzeug und Wasser) von den Erwachsenen empfangen zu werden.[2] Natürlich gehört auch eine Vorbereitung zu diesem Ritual. Da dieses Ritual jedoch nicht an die Volljährigkeit gekoppelt ist, sondern auch schon mit 16 praktiziert werden kann, passt es nicht wirklich als Ritual zum Eintritt in die Welt der Erwachsenen. Zwar mag man mit 16 Jahren schon einige Vorzüge der Erwachsenenwelt auskosten dürfen. Die richtige Freiheit kommt dennoch erst mit der rechtlichen Volljährigkeit. Hinzu kommt, dass die Reflexion des eigenen Lebens und des künftigen Weges in 24 h Einsamkeit doch sehr begrenzt ist: Wie will man über eine Zeit nachdenken, die gerade erst beginnt und deren Weite man noch nicht einmal im Ansatz erahnen kann? Es ist nicht möglich, mit dem Erleben des Kindes und Jugendlichen, das einen die Jahre bis zur Volljährigkeit begleitet hat, gewappnet zu sein für das endlose Meer der Möglichkeiten, dass sich einem mit der Volljährigkeit eröffnet. Insbesondere, da das Denken bis dahin in hohem Maß von Eltern und Familie geprägt ist. Denn wie heißt es so schön: So lange du die Füße unter meinen Tisch steckst, wird gemacht, was ich sage. Ein Spruch, der auch heute noch praktiziert wird. Der aber eben verhindert die Welt ohne Begrenzung und ohne familiäre Vorurteile und Grundsätze zu erkunden.

Egal, welchen Weg du einschlägst. Ob du weiter zur Schule gehst, ob du direkt mit der Ausbildung startest, ob du durch die Welt bummelst: Ab jetzt ist es deine Welt und du entscheidest darüber, wie und wo und mit wem du leben wirst. Dabei ist es völlig gleichgültig, was die neuen Volljährigen um dich herum tun. Wenn du den Wunsch in dir verspürst, die Welt kennenzulernen, gibt es – abgesehen von Pandemiezeiten, Kriegen und Krankheiten – wenige Dinge, die dich davon abhalten können. Bei all den Möglichkeiten des Work & Travel spielt selbst das finanzielle Polster kaum noch eine Rolle. Bei den meisten Reisenden reichte das Geld lediglich für die Anreise und dennoch haben sie viele Länder und Orte erkundet. Selbst mit Kleinkind und alleinreisend ist eine Weltreise möglich. Auf verschiedenen Blogs kannst du spannende Beiträge über Weltreiseabenteuer mit Kind und Kegel, mit und ohne Corona-Pandemie[3, 4] nachlesen. Nicht nur, dass solche Blogs und Berichte das eigene Reisefieber wecken. Sie helfen auch, um zu unrealistischen Weltreiseträumen den Wind aus den Segeln zu nehmen. Denn bei allem Abenteuer gibt es auch für eine Weltreise einiges zu bedenken. Zum anderen reduzieren sie den eigenen Stress und Anspruch, wonach der Lebenslauf nicht interessant genug ist, wenn man nicht direkt nach der Schule das große Reiseabenteuer startet. Für Reisen gibt es keine Altersbegrenzung. Mit der Volljährigkeit kannst du reisen, wann immer du willst. Einen perfekten, allgemeingültigen Zeitpunkt gibt es nicht. Auch wenn Internet und soziale Bubble uns häufig und eindringlich weismachen wollen, dass Karriere, Zufriedenheit, Glück und der perfekte Lebenslauf ohne ausgiebiges Reisen und Selbsterfahrung zum Scheitern verurteilt sind. Dem ist nicht so. Wenn dir nicht der Sinn nach Reisen steht oder es dir aus anderen Gründen nicht möglich ist, dann ist das vollkommen in Ordnung. Karriere, Zufriedenheit und Selbstfindung werden sich trotzdem einstellen. Diese inneren und äußeren Wachstumsprozesse sind nicht an Reisen geknüpft. Reisen erweitern den Horizont. Der erweitert sich aber auch in spannenden Hobbys, Büchern, dem Erkunden der eigenen Stadt oder einem Ehrenamt, dem man sich leidenschaftlich widmet. Dir liegt die Welt zu Füßen und das geht weit über eine Reise hinaus.

3. LISTEN, LISTEN, LISTEN

Vielleicht kennst du sie schon, die To-do-Listen, mit denen man seinen Tag strukturiert. Ein wenig erinnern sie an Stundenpläne und Hausaufgabenhefte. Während sie von den einen gehasst werden, schwören die anderen darauf. Mit dem Trend des Bullet Journals als Mix aus Tagebuch, Kalender und Lebensplanung sind die Listen wieder in aller Munde.

So gibt es Listen über die täglich anstehenden Aufgaben, den Putzplan des Badezimmers, die Einnahme von Medikamenten, die zu schauenden Kinofilme oder das Lernen für die nächste Prüfung.

Dabei können Listen viel mehr als nur Dinge aneinanderzureihen, damit man sie nicht vergisst.

Listen bieten dir die Möglichkeit, dein eigenes Verhalten zu reflektieren, alte Gewohnheiten abzulegen und dir neue Gewohnheiten zuzulegen. Quasi der Selbstansporn. Als sogenannte Tracker kannst du beispielsweise über jeden Tag des Monats mit einem Haken festhalten, ob du dich als Sportmuffel 20 Minuten sportlich betätigt hast. Das minimiert zumindest den Selbstbetrug und die Aufschieberitis.

Um vom positiven Nutzen von Listen profitieren zu können, solltest du ein paar Dinge beachten.

Es ist wichtig, dass du überlegst, welche Listen du für dich nutzen möchtest. Spätestens nach zwei bis drei Monaten aktiver Arbeit mit dem Bullet Journal wirst du schnell feststellen, dass die Hälfte deiner Listen schön, aber weder hilfreich noch zielführend ist.

Du solltest zwischen Listen unterscheiden, um zu vermeiden, dass du dich mit Listen überforderst und stattdessen gezielt Listen einsetzt. Zum einen kannst du Listen nutzen, mit denen du gezielt schwierige Aufgaben angehst (z.B. eine detaillierte Liste zu Prüfungsvorbereitungszeiten), die für deine Ausbildung, deinen Beruf und für Behörden (z.B. Festhalten von Ein- und Ausnahmen, Festhalten von Überweisungsterminen) wichtig sind. Zum anderen gibt es Listen, die man als just for fun Listen bezeichnen könnte und in denen du beispielsweise festhältst, welche Bücher du in diesem Monat schon gelesen hast. Eine dritte Form von Listen dient dem eigenen Wachstum bezogen auf dein Verhalten, deine Ansichten und Einstellungen. Mittlerweile ist es unumstritten, dass das tägliche Notieren von drei Dingen, für die man dankbar ist, sich positiv auf die eigene Stimmung auswirkt und deine Resilienz (seelische Widerstandskraft) stärkt. Diese simple Listenübung zur Dankbarkeit hilft auch in schweren Krisen und Stresszeiten.[5] Daneben kannst du Listen auch in deine persönliche Challenge einbauen und dir beispielsweise anhand einer Liste jeden Tag eine bestimmte Sache vornehmen, die dich glücklich macht oder die deinen Mut herausfordert. Jeder Haken, den du dann als »geschafft« setzen kannst, wirkt wie eine Belohnung auf dein Gehirn. In Zeiten, in denen viele von uns in Ausbildung und Arbeitsplatz nur spärlich gelobt werden, tut so ein von anderen Menschen unabhängiges Lob sehr gut.

Letztlich ist es notwendig, sich bei allen Listen (vor allem wenn man es schon eine Weile betreibt) zu fragen, ob die Listen helfen oder ob sie das eigene Stresslevel erhöhen. Denn es gibt durchaus Menschen, die durch Listen so blockiert werden, dass sie gar nicht weiter vorankommen. Hier wirkt die Liste dann wie ein nicht zu bewältigender Aufgabenberg und erfüllt damit genau das Gegenteil dessen, was sie sollte (Aufteilen großer Projekte in tägliche kleine Aufgaben). Das kann auch passieren, wenn man mit den Listen utopische Ziele verwirklichen möchte. Hast du beispielsweise schon zwanzig Anläufe unternommen, regelmäßig zu joggen und auch mit tollen neuen Joggingschuhen, Joggingpartner, Jogging-App und Joggingcoach hat es nie geklappt, dann ist dieser Sport einfach nichts für dich. Und daran wird auch keine Liste der Welt etwas ändern. Listen, mit denen wir Ziele verfolgen, die nicht zu uns passen, fördern nur unsere eigene Frustration und den Druck auf uns selbst. Im schlimmsten Fall wirst du davon krank und kannst plötzlich nichts mehr erledigen.

Spürst du solch einen Stress in der Arbeit mit Listen, dass lass sie einfach sein. Nur, weil es gerade en vogue ist, muss man sich nicht durch eine Liste prügeln. Vielleicht entdeckst du die Hilfe und Freude an Listen auch erst in einigen Jahren oder gar nicht, was auch völlig in Ordnung ist.

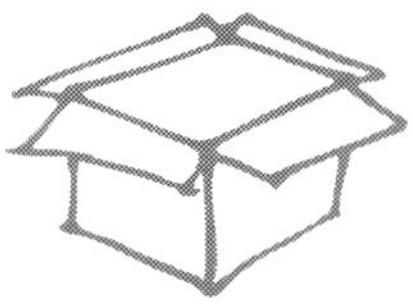

4. AUSZUG AUS DEM HOTEL MAMA

Mit der Volljährigkeit hast du das Recht, von zu Hause auszuziehen. Und das ganz ohne Jugendamt oder Betreuer, die zu seinem Auszug vor der Volljährigkeit gehören. Damit verbunden ist, dass du frei wählen kannst, wo und mit wem du wohnen möchtest, da das Aufenthaltsbestimmungsrecht deiner Eltern über dich mit dem 18. Geburtstag erlischt.[6] Vorausgesetzt, du hältst dich an die gängigen Gesetze. Wildes Campen im Wald schließt sich also auch aus. Selbst dann, wenn dein Ausbildungsort kein freies Zimmer bietet. Was auf dem aktuellen Wohnungsmarkt leider ein häufiges Problem ist und was den raschen Auszug aus dem Hotel Mama oft verhindert.

Ziehst du bei deinen Eltern aus, gilt es zu klären, wer die Miete deiner künftigen Bleibe bezahlt. Deine Eltern sind für dich unterhaltspflichtig, wenn du noch zur Schule gehst, eine Ausbildung oder ein Studium beginnst. Dabei kannst du nicht per se darauf hoffen, dass deine Eltern dir den Unterhalt als Geld (die sogenannte Geldrente, Barunterhalt) zur Verfügung stellen. Denn nach dem Unterhaltsbestimmungsrecht dürfen Eltern den Unterhalt auch in Sachkosten (Kost, Logis) leisten (sogenannter Naturalunterhalt)[7]. Ein Umstand, der vor allem dann zum Tragen kommt, wenn eine Ausbildung in Wohnortnähe der Eltern möglich ist. Findet deine Ausbildung in einer Entfernung zum Wohnort deiner Eltern statt, über die ein tägliches Pendeln nicht zumutbar ist, steht dir der Unterhalt als Geldbetrag zu. Die Höhe des Betrages richtet sich nach der Düsseldorfer Tabelle[8]. Können deine Eltern den Unterhalt als Barunterhalt jedoch nicht entrichten, können sie dir den Naturalunterhalt zur Verfügung stellen und du musst, sofern du keine Ausbildungsförderung beantragen willst, deine Ausbildung wohnortnah absolvieren.[9]

Zu bedenken ist, dass der Unterhalt deiner Eltern keine Dauerlösung ist. Brichst du beispielsweise deine Ausbildungen wiederholt ab und verzögert sich dein Studium über die Norm hinaus deutlich, verfällt dein Anspruch auf den elterlichen Unterhalt.

Ein anderes Phänomen stellen die jungen Erwachsenen dar, die kein Bedürfnis haben, bei den Eltern auszuziehen. Gründe dafür gibt es viele: Bequemlichkeit, Angst vor dem Auszug, wohnortnahe Ausbildung. Mit der Volljährigkeit verlierst du jedoch dein Wohnrecht bei deinen Eltern. Wenn du sie also über alle Maßen mit wilden Partys, Schulbummelei und Zimmerservicementalität drangsalierst, haben deine Eltern ein Recht darauf, dass du dir eine eigene Wohnung suchst. Auch dann, wenn sie unterhaltspflichtig für dich sind.

In der Regel stellt der Auszug von zu Hause einen Prozess dar, der mit relativ wenigen Störungen verbunden ist, was den Unterhalt deiner Eltern für dich angeht.

Auch wenn der rechtliche und finanzielle Aspekt klar ist, stellt ein Auszug für alle Beteiligten auch einen emotionalen Prozess dar. Je nachdem, wie eng die Bindung zu deinen Eltern und Geschwistern ist, wie du in das soziale Umfeld deines bisherigen Wohnortes eingebettet bist, zu wie viel Selbstständigkeit du erzogen wurdest und welche Distanz fortan zwischen deiner neuen Wohnung und der Wohnung deiner Eltern liegt, wird der Auszug als mehr oder minder anstrengend wahrgenommen. Wobei sich die Schwierigkeiten, die sich auch in Heimweh und Verlassenheitsgefühlen zeigen können, bei Eltern meist früher zeigen als bei den ausziehenden Kindern. Denn bei dir überwiegen in diesem Moment der Reiz des Neuen und die gewonnene Freiheit der ersten eigenen Wohnung. Wer verzichtet nicht gern auf die Ermahnungen, doch endlich das Zimmer aufzuräumen, das Frühstück nicht mit Pizza und Zigaretten zu füllen oder die Wäsche anständig wegzuräumen. In deinen eigenen vier Wänden kannst und wirst du am Anfang genießen, dass du dein Leben frei gestaltest. Hier fühlt man sich häufig zeitversetzt einsam und verloren. Vor allem, wenn sich die dunklere triste Herbstzeit nähert, wenn die Ausbildung schwierig ist und wenn man einfach noch nicht richtig Anschluss gefunden hat.

Lass dich dadurch nicht entmutigen. Jeder Umzug in deinem Leben enthält eine Phase des Alleinseins, des Neuordnens und des Auf-sich-selbst-gestellt-zu-Seins. Allerdings entwickelt sich daraus ein Motor, der dir hilft, aktiv deine neue Umgebung zu erkunden, Freunde zu finden und dich heimisch zu fühlen. Spätestens, wenn man nach dem Besuch der Eltern zum ersten Mal sagt »ich fahre jetzt nach Hause«, weiß man, dass man in den eigenen vier Wänden angekommen ist.

5. DIE ERSTEN EIGENEN VIER WÄNDE

Nichts ist so faszinierend wie die ersten eigenen vier Wände. Ganz egal, ob es ein WG-Zimmer oder die erste eigene Wohnung ist. Hier kannst du selbst entscheiden, wie du gern leben möchtest. Du kannst die Wände schwarz streichen oder in neonfarbenem Glitzerpink. Der einzige Haken dabei wäre nur, dass du die Wände bei einem Auszug wieder weißen müsstest.

Wenn du dich auf die Suche nach den eigenen vier Wänden begibst, wirst du zum ersten Mal mit den Spielregeln des Wohnungsmarktes und den Kosten des Wohnens konfrontiert. Das variiert stark je nach Ort und Region, wo es dich hin verschlägt. Aus diesem Grund gibt es auch nur bedingt pauschale Aussagen über die Kosten, die auf dich warten. Allgemein lässt sich sagen, dass der Wohnungsmarkt in Ballungszentren (z.B. Berlin, München, Hamburg) und Uni-Städten stärker umkämpft ist als in anderen Regionen. Hier schrauben sich die Mietpreise in astronomische Höhen, weil die Nachfrage um ein Vielfaches über dem Angebot liegt.

Gehen wir einmal davon aus, dass du eine Wohnung in Aussicht hast, welche Kosten erwarten dich dann? Ziehst du in eine WG, weichen diese Kosten ab, da du in diesem Fall häufig Pauschalbeträge für dein WG-Zimmer zahlst.

Zu den regulären Wohnkosten zählen die Kaltmiete (Nettokaltmiete), die Nebenkosten und der Strom. Kaltmiete und Nebenkosten ergeben zusammen die Warmmiete.

Der Preis der Kaltmiete ergibt sich aus dem Quadratmeterpreis und der Größe deiner Wohnung. Derzeit liegen die Durchschnittspreise in Deutschland zwischen 8,00 Euro (bis 120 m^2) und 9,50 Euro (bis 40 m^2).[10] Wie du siehst, wird die Miete umso teurer, je kleiner deine Wohnung ist.

Die Nebenkosten unterteilen sich in warme Betriebskosten (Kosten für Wasser und Heizung) und kalte Betriebskosten. Die Posten, die den kalten Betriebskosten zugeordnet werden, unterscheiden sich je nach Mietvertrag. In der Regel werden hier Kosten für die Grundsteuer, Abwassergebühren, Müllabfuhr (in einigen Regionen wird das gesondert bezahlt), Schornsteinreinigung, Straßenreinigung und Instandsetzungen in Treppenhaus, Keller und Garten aufgeführt.[11] Die Nebenkosten werden monatlich mit deiner Miete abgezogen. Am Jahresende bekommst du eine Nebenkostenabrechnung. Ähnlich der Stromkostenabrechnung kann es passieren, dass du hier Geld zurückbekommst (tritt ziemlich selten auf) oder du Geld nachzahlen musst. Für diese Nachzahlungen solltest du dir regelmäßig Geld zurücklegen. Denn wenn plötzlich eine Rechnung über 200 Euro eintrudelt, kann das ein ziemliches Loch in deine Finanzen reißen.

Den Strom meldest du bei einem Anbieter deiner Wahl an. Aktuell liegt der monatliche Strompreis für einen Singlehaushalt (Stromverbrauch ca. 2.000 kWh) bei 30 Euro bis 60 Euro.

Einkalkulieren musst du Nachzahlungen, falls du mehr als den vereinbarten Strom verbraucht hast.

Eine Hausratversicherung ist langfristig zu empfehlen, aber nicht verpflichtend. Diese kommt, je nach Versicherungsvertrag, beispielsweise für Schäden deinerseits auf, die du nicht mutwillig verschuldet hast.

6. AUTOFAHREN OHNE BEGLEITPERSON

Im Gegensatz zum Führerschein ab 17 Jahren (BF17), entfällt beim Führerschein ab 18 Jahren die Pflicht der Begleitperson. Mit deiner Volljährigkeit erlangst du die volle Fahrerlaubnis, die auch in vielen anderen Ländern ab 18 bescheinigt wird.

7. FÜHRERSCHEIN FÜR ALLE FAHRZEUGE

Der Führerschein ab 18 ohne Begleitperson klingt wie Musik in den Ohren. Allerdings gilt die volle Fahrerlaubnis mit dem 18. Lebensjahr nicht für alle Führerscheinklassen. Mit deiner Volljährigkeit darfst du folgende Fahrzeuge führen[12]:

- **FÜHRERSCHEINKLASSE A1**: Leichtkraftrad bis 100 km/h
- **EINGESCHRÄNKT FÜHRERSCHEINKLASSE A:** Motorrad bis max. 25 kW
- **FÜHRERSCHEINKLASSE B:** Pkw
- **FÜHRERSCHEINKLASSE C:** Lkw über 7,5 t ohne gewerbliche Beförderung (Spoiler: der Busfahrer muss noch warten)
- **FÜHRERSCHEINKLASSE C1:** Lkw bis 7,5 t ohne gewerbliche Beförderung
- **FÜHRERSCHEINKLASSE T:** landwirtschaftliche Nutzfahrzeuge

Der volle Genuss der uneingeschränkten Motorradgeschwindigkeit ist dir erst ab 20 Jahren erlaubt (uneingeschränkte Führerscheinklasse A), wenn du vorher bereits den Motorradführerschein für die eingeschränkte Klasse A hattest. Beginnst du mit dem Motorradführerschein (Klasse A) neu, fällt die Leistungsbeschränkung erst mit deinem 25. Lebensjahr weg.[13]

Lkw mit gewerblicher Beförderung und Busse darfst du erst ab 21 Jahren fahren.[14]

8. DAS ERSTE EIGENE AUTO

Das erste eigene Auto ist immer etwas ganz besonderes. Welches Auto du dir zulegst, ist letztlich deine Entscheidung. Du solltest jedoch die Kosten berücksichtigen, die auf dich zukommen werden. Gerade Steuern, Versicherungsbeiträge, Kraftstoff und Reparaturkosten variieren stark je nach Größe, Typ und Automarke. Überlege dir, wofür du das Auto brauchst und welches Finanzpolster du für dein Auto zur Verfügung hast. Daraus lässt sich recht gut ableiten, welches Auto am besten funktionieren würde. Natürlich sind große, teure Autos für viele Menschen ein Traum. Um dir diesen zu erfüllen, hast du aber noch viele Lebensjahre vor dir. Niemand erwartet von dir, dass du dir jetzt das tollste, teuerste und angesagteste Auto der Welt kaufst. Wer dir so etwas einreden möchte, fährt entweder kein eigenes Auto oder muss für sein Auto nicht zahlen. Es ist völlig utopisch, zu Beginn der Ausbildung, noch mitten in der Schule oder bei den ersten Schritten im Job das Traumauto finanzieren zu können. Das mindert jedoch nicht die Freude über das erste eigene Auto. Denn mit deinem Auto bist du plötzlich flexibel und vom ÖPNV und fahrenden Freund*innen und Verwandten unabhängig. Ist dir danach, nachts im strömenden Regen zu deiner Freundin oder deinem Freund zu fahren, kannst du das mit dem eigenen Auto jederzeit tun.

9. FINANZLOCH AUTO

Ein Auto ist der Inbegriff von Freiheit. Zumindest so lange, bis du dein Portemonnaie aufschlägst. Denn ein Auto fährt nicht mit Luft und Liebe. Und selbst das Benzin ist nur einer der Posten, die finanziell zu Buche schlagen.

Die Kosten des Autos, von den Anschaffungskosten einmal abgesehen, bestehen aus den Fixkosten, den Betriebskosten und Werkstattkosten. Der ADAC hat unabhängig des Autotyps und des Kraftstoffs einmal Pauschalbeträge für die einzelnen Posten ermittelt, die dir zeigen, was dich finanziell mit einem Auto erwartet (siehe untenstehende Auflistung der einzelnen Kosten in Klammern).

Folgende Fixkosten[15] fallen für dein Auto an:

- ★ den Kosten für die Haftpflichtversicherung (bis zu 1.000 Euro pro Jahr als Fahranfänger),
- ★ den Kosten der Kasko-Versicherung (Voll- oder Teilkasko),
- ★ der Kfz-Steuer (je nach Region und Autotyp bis zu 150 Euro pro Jahr),
- ★ den Kosten für die Haupt- und Abgasuntersuchungen (je nach Region und Werkstatt ca. 150 Euro) und
- ★ Parkgebühren (falls du den Parkplatz an deiner Wohnung anmietest plus Parkgebühren beim Bummel in der Stadt (je nach Region 1,50 Euro bis 3,00 Euro pro Stunde).

Betriebskosten beinhalten die Art des Kraftstoffs (z.B. Benzin, Diesel, Erdgas, Strom) und sonstigen Kosten (z.B. Gebühren für die Waschanlage, den Autostaubsauger oder die Druckluftmessung, ca. 250 Euro pro Jahr). Für einen normalen Benziner (Superbenzin 1,23 Euro pro Liter ergeben sich bei moderatem Stadtverkehr und nicht täglicher Benutzung ca. 40 Euro pro Woche)

Zu den Werkstattkosten gehören Kosten für Reparaturen, Ölwechsel, Reifenwechsel und -einlagerungen, die Anschaffung neuer Reifen (je nach Fahrstil ca. alle 2–3 Jahre). Gerade Werkstattkosten liegen schnell bei 300 bis 400 Euro und treten auch bei Neuwagen auf. Vorzugsweise dann an Teilen, die von der Garantie ausgeschlossen sind.

Ohne das Einkalkulieren der Kosten verpufft die Freude am eigenen Auto schnell. Gleichzeitig hat man jedoch auch die Möglichkeit, Kosten zu senken, indem man z.B. regelmäßig überprüft, ob es eine günstigere Kfz- und Haftpflichtversicherung gibt, indem man sich kritisch hinterfragt, ob man für jeden Weg das Auto benötigt und ob man z.B. lernt die Reifen selbst zu wechseln und sich eine Fahrweise anzugewöhnen, die einen geringeren Verschleiß bewirkt.

10. DIE TÜCKEN DES INTERNETS – ODER WO MAN GELD VERLIERT

Auch wenn du dich als Digital Native mühelos im Internet bewegst, schützt es dich nicht automatisch vor dem Geld- und Zeitfresser Internet.[16]

Hierbei sind vor allem vier Aspekte tückisch:

1. Das Einkaufen, ohne an seinen finanziellen Spielraum zu denken.
2. Seiten und Angebote zu nutzen, die nicht kostenlos sind.
3. Bei Handy- und Internettarifen mit begrenztem Limit den Überblick über Zubuchungen zu verlieren.
4. Fake-Shops und Phishing-Attacken.

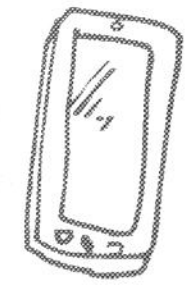

Besonders gefährlich kann es werden, wenn deine Eltern vorher für diese Kosten verantwortlich waren und du vielleicht gar keine Einsicht in Internet- und Handyzusatzkosten hattest. Der Button der Zubuchung ist schnell geklickt. Das Geld aber noch schneller weg. Vor allem, wenn es sich häuft und man sich nicht wenigstens notiert, wie oft man bereits etwas dazu gebucht hat.

Ähnlich wie mit Zubuchungen verhält es sich mit dem Kauf zusätzlicher Leben in diversen Onlinespielen. Eine gute Nachricht: Diese Spiele ereilen euch auch im Erwachsenenalter noch. Die schlechte Nachricht: Wenn man das eigene Geld verprasst, können die gekauften Leben zum Weiterspielen durchaus darüber entscheiden, ob es nächste Woche Nudeln pur oder doch noch Nudeln mit Soße und Salat gibt. Gerade diese scheinbar kleinen Beträge summieren sich zu nicht unerheblichen Summen. Sei also achtsam und notiere dir deine Ausgaben, um den Überblick nicht zu verlieren.

Während es bei den eben genannten Zubuchungen ziemlich offensichtlich ist, wo dein Geld versickert, kann sich das bei manchen Webseiten ganz anders darstellen. Und nein, nicht immer informieren dich Webseiten über die Kosten. Oder du denkst, du testest gerade ein Probeabo und musst dennoch zahlen. Prädestiniert für solche versteckten Kosten sind beispielsweise Seiten mit Gitarrennoten. Ok, wenn du kein Instrument spielst, hat sich das erübrigt. Aber die Musiker unter euch wissen, wie das ist: Man hört einen Song, der sich supermegaperfekt mal für ein bisschen Spielen eignen würde. Es juckt in den Fingern. Man googelt nach Lyrik und Noten. Und dem kurzen Gitarren-, Ukulelen- oder Klavierintermezzo steht nichts mehr im Weg. Wäre da nicht die Rechnung, die irgendwann eintrudelt. Dabei musste man sich doch »nur« anmelden. Von Kosten stand da wirklich nichts. Die Erfahrung lehrt: Irgendwo steht es immer und zahlen musst du.[17,18] Also lieber zweimal prüfen, welche Kosten entstehen können.

Als Erwachsene könnt ihr nicht bei jedem Finanzdilemma zu Mama und Papa rennen. Da man Rechnungen nicht aussitzen kann, ereilen dich im schlimmsten Fall Mahnungen und ein Inkassoverfahren, welches vor Gericht landet. Ganz zu schweigen davon, dass Mahnungen und Inkasso die initial verhältnismäßig kleinen Beträge schnell um mehrere Hundert Euro vergrößern können.

Es hat sich als hilfreich erwiesen, sich gerade für Internetkosten ein eigenes kleines Budget einzurichten. Vor allem, wenn man um die eigenen Hobbys weiß. Dann gilt es nur noch: Halte dich an dein Budget.

11. Verträge und ihre Tücken

Verträge werden dich dein ganzes Erwachsenenleben begleiten. Im Gegensatz zu früher bist du mit der Volljährigkeit auch für deine Verträge verantwortlich. Ein kindliches »hab ich ja nicht gewusst« ist in der Erwachsenenwelt leider unbrauchbar. Auch deine Eltern kannst du hier nicht mehr zur Verantwortung ziehen. Das Tückische an Verträgen ist häufig deren Länge und das verwendete Juristendeutsch. Was hier so versiert klingt, bedient in erster Linie immer die Wünsche deiner Vertragspartner*innen und deren Absicherung. Oft stecken Fallstricke in Verträgen, die einem erst auf die Füße fallen, wenn beispielsweise ein Schadensfall eintritt. Solche Fallstricke können beispielsweise sein:

- Bestimmte Kosten werden von der Versicherung laut Vertrag nicht übernommen.

- Du hast dich zu einem Eigenanteil verpflichtet.
- Bei einem eintretenden Schaden wirst du haftbar gemacht.
- Verzögerungen (z. B. zu spät gezahlte Rechnungen oder verspätete Lieferungen) führen zu neuen Kosten.

Auch wenn es leidig ist, empfiehlt es sich immer, Verträge genau zu lesen und bei Unklarheiten nachzufragen. Bereitet dir ein Vertrag und dessen Formulierung große Probleme, kannst du dir Hilfe suchen. Hierzu eignen sich Verwandte und Bekannte, Anwält*innen und Beratungsstellen gemeinnütziger oder wohltätiger Organisationen.

Nur wenn du den Vertrag kennst und verstehst, bist du weitestgehend davor geschützt, von deinen Vertragspartner*innen über den Tisch gezogen zu werden. Und das kommt leider häufiger vor als gedacht. Bei Verträgen geht es immer um ein Geschäft. Solche basieren nicht auf Wohlwollen und Nettigkeiten (auch wenn das nach Außen so scheint), sondern immer auf Gewinn.

12. DAS ERSTE GIROKONTO

Vermutlich hast du bereits ein Jugendgirokonto und fragst dich nun, warum hier vom ersten Girokonto die Rede ist. Mit deiner Volljährigkeit verändert sich dein Jugendgirokonto und wird zu einem normalen Girokonto. Damit verbunden ist, dass du fortan auch Schulden machen darfst.

Möchtest du jetzt ein Girokonto eröffnen, brauchst du nicht mehr die Zustimmung deiner Eltern und musst auch nicht in der familiären Hausbank bleiben. Auf dem Markt gibt es unzählige Anbieter für Girokonten. Grob lassen sich hier zwei verschiedene Bankinstitute unterscheiden:

- Bankinstitute mit lokalen Filialen
- Bankinstitute ohne lokale Filialen

Jetzt magst du sagen: Was brauche ich schon eine Filiale? Die brauchst du so lange nicht wie alles reibungslos funktioniert. Spätestens, wenn Überweisungen falsch laufen, dein Geld nicht rechtzeitig ankommt und sich deine fixen Abzüge stauen, deine Karte defekt ist oder du einem Betrug aufgesessen bist (Spoiler: davor ist niemand geschützt), wirst du froh sein, eine Filiale vor Ort zu haben. Denn solche Probleme lassen sich in der Tat schneller lösen als mit telefonischen Kundendiensten, die dich x-mal weiterleiten und am Ende doch aus der Leitung werfen.

Hinzu kommt, dass Gebühren anfallen. Nicht immer ist das Bankinstitut mit der lokalen Filiale die teurere Alternative.

Denn auch bei Onlinebankinstituten gibt es versteckte Kosten, die sich aus dem Kundensupport ergeben können. Die einzelnen Banken haben unterschiedliche Gebührenmodelle, die von Pauschalpreisen über monatliche Grundgebühren reichen. Aktuell gibt es nur wenige kostenlose Girokonten. Diese haben oft versteckte Kosten für verschiedene Zahlungsarten.[19]

Hier bietet es sich an, sich vorher über die potenziellen Bankinstitute, deren Leistungen und Kosten zu informieren. Denke daran auch zu vergleichen, welche Kosten für Überweisungen und das bargeldlose Zahlen entstehen. Mit diesen anlaufenden Gebühren kann man bessere Dinge anstellen als Banken zu bezahlen.

Du bist auch nicht verpflichtet, nur ein Konto zu führen oder dauerhaft bei einer Bank zu bleiben. Hier hast du freie Entscheidung. Die Bank kann deinen Antrag jedoch auch ablehnen, beispielsweise wenn du kein regelmäßiges Mindesteinkommen erzielst oder wenn du hohe Schulden hast.

13. DIE ERSTE KREDITKARTE: FINANZIELLE FREIHEIT

Mit der Volljährigkeit kannst du auch eine Kreditkarte beantragen. Die kannst du entweder bei einem eigens auf Kreditkarten spezialisierten Anbieter oder bei deinem Bankinstitut beantragen. Ob dein Kreditkartenantrag bewilligt wird, hängt von verschiedenen Faktoren ab. Dazu zählen z. B. deine Einkommenshöhe, deine Liquidität, das Vorliegen von Schulden und dein Alter.

Mit der Kreditkarte ist viel Freiheit verbunden. Zumal für manche Dinge Kreditkarten unabdingbar sind (z.B. das Leihen eines Mietwagens). Diese wird aber häufig geschmälert, wenn einen die Rückzahlung ereilt. Denn eine Kreditkarte ist zu vergleichen mit einem Kredit. Du borgst dir Geld, was du zu einem späteren Zeitpunkt wieder zurückzahlst. Bei den meisten Kreditkartenmodellen, gerade auch von den berühmten namhaften Anbietern wie Barcley® oder American Express®, wird je nach Höhe deiner Kreditkartenbelastung ein monatlicher Betrag von deinem Konto abgebucht. Im Gegensatz zu einem Kredit mit einer festen Rückzahlungsrate kann die monatlich abgebuchte Kreditkartenrate deutlich variieren. Hast du viel über die Kreditkarte bezahlt, ist die Monatsrate entsprechend hoch. Nicht selten trifft einen der Schlag bei der ersten Abbuchung. Wie bei einem regulären Kredit musst du die Kreditkartenschulden zurückzahlen. Die Abbuchung der Raten kannst du weder verhindern noch verschieben. Insofern ist das Zahlen mit der Kreditkarte immer nur ein auf den nächsten Monat verschobenes Bezahlen. Das setzt voraus, dass dein Konto im nächsten Monat auch ausreichend Geld für die Rate aufweist.

Solltest du selbst berechnen wollen, wie hoch deine Rate ist und wie lange deine Kreditkarte noch belastet ist, benötigst du den Zinssatz deiner Kreditkarte. Da das Bankinstitut an deiner Karte verdienen will, fließt nur ein Teilbetrag deiner Kreditkartenrate in die Rückzahlung. Der andere Teil sind in Form von Zinsen der Gewinn der Bank.

Sinnvoller ist die Kreditkarte, die du vorher selbst aufladen musst. Mit dieser Kreditkarte kannst du nur so viel bezahlen, wie Guthaben aufgeladen wurde. Das schützt dich vor Schuldenbergen und hilft bei der Organisation der Finanzen.

14. DER DISPOKREDIT ZWISCHEN FLUCH UND SEGEN

Der Dispokredit (die Option zum Überziehen des Kontos) ist ebenfalls eine Neuerung, die du mit der Volljährigkeit beantragen kannst. Ähnlich dem Kreditkartenantrag gibt es auch für den Dispokredit bestimmte Voraussetzungen. Hier ist in erster Linie dein regelmäßiges Mindesteinkommen ausschlaggebend. Denn auch wenn der Dispo angenehm klingt:

Auch hier handelt es sich um einen Kredit. Je nach Vereinbarung mit deiner Bank, zahlst du Überziehungszinsen für deinen Dispokredit. Häufig werden diese vierteljährlich fällig. Ihre Höhe richtet sich nach der Höhe deiner Überziehung. Da können schnell einmal mehrere hundert Euro den Bach runtergehen.

Solltest du einen Dispokredit besitzen, solltest du die fälligen Überziehungszinsen in deine Finanzplanung einbeziehen. Denn wie bei anderen Krediten, kannst du diese Zinszahlungen nicht ablehnen. Im Gegensatz zur Kreditkarte reduziert sich die Überziehung deines Dispokredits nicht mit der Zinszahlung. Diese deckt tatsächlich nur die reinen Zinsen. Willst du aus dem Dispo wieder herauskommen, hilft nur sparen. Das wird umso schwieriger, je höher dein Dispo ist.

Dennoch ist es keine Schande, den Dispokredit zu nutzen. Oft ist er die Rettung in unvorhergesehenen finanziellen Belastungen. Es sollte jedoch dein Ziel sein, den Dispokredit rechtzeitig wieder zu tilgen.

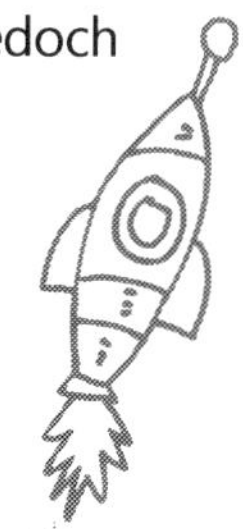

15. DEINE ZUKUNFT LIEGT IN DEINEN HÄNDEN

Was ab jetzt in deinem Leben passiert, liegt zu einem großen Teil in deinen Händen. Natürlich gibt es Dinge, auf die wir keinen Einfluss haben:

Manchmal kann man sich noch so sehr etwas wünschen, sich darum bemühen und daran arbeiten und dennoch klappt es nicht.

Halbherzige Alternativen gibt es meistens. Wer auf Gedeih und Verderb bis 20 verheiratet sein will, wird schon irgendwie eine*n Partner*in finden, selbst wenn der oder die nicht wirklich passt. Möchtest du jedoch die/ den Partner*in heiraten, ohne die/ den du dir ein Leben nicht mehr vorstellen kannst und mit der/ dem du durch dick und dünn gehst, kannst du nur für Kontakte offen bleiben und nach draußen gehen. Erzwingen oder herbeizaubern kannst du solche Partner*innen nicht. Deine Handhabe ist also begrenzt.

Ähnlich verhält es sich, wenn Krankheiten oder andere Einschränkungen dich daran hindern, deine Ziele zu verwirklichen. Natürlich gibt es die Mut machenden und inspirierenden Stories von Menschen, die es trotz widriger Umstände geschafft haben. Die sind wichtig und hilfreich. Aber sie zeigen eben auch nur einen kleinen Ausschnitt der Realität. Für viele, mit ähnlichen Einschränkungen, bleibt der Weg dann trotzdem verschlossen. Zum Glück zeigen sich meistens andere Wege, die sich – wenn häufig auch erst im Nachhinein – als großartig darstellen.

Unabhängig der eigenen Grenzen und Einschränkungen wirst du erleben, dass ziemlich viele Leute an deiner Zukunft mitreden wollen. Es fängt an mit der Einmischung der Eltern (positiv wie negativ), die auch mit der Volljährigkeit nicht endet, geht über deine Freund*innen und Bekannte und endet bei Kolleg*innen und der Gesellschaft. Auf wenige Dinge erhebt dein Umfeld so viel Mitspracherecht wie auf deine Zukunft. Mal ziemlich offensiv, mal sehr diskret. Nicht selten wirst du erst im Verlauf merken, wie stark du dich nach anderen gerichtet hast.

Ob du schriftlich deine Zukunftsvorstellungen festhalten oder lieber still sitzend am See darüber sinnieren möchtest, bleibt dir selbst überlassen. Und selbst wenn du jetzt denkst: »Das brauche ich nicht. Ich lebe einfach von Tag zu Tag«. Gedanken über die eigene Zukunft kommen so selbstverständlich wie der Tagesanbruch. Nur die Art der Gedanken variiert. An manchen Tagen sind es eher Gedanken über allgemeine Dinge wie den Sinn des Lebens, die Wahl der Partner*in oder den eigenen Lebensstil. An anderen Tagen sind die Zukunftsgedanken sehr konkret. Beispielsweise, wenn es darum geht, welche beruflichen Ziele man erreichen möchte oder welche Prüfungen man in der Ausbildung absolvieren muss, um einen bestimmten Abschluss zu erreichen.

Für alle Zukunftsgedanken und -planungen gibt es keine Standardformel. Lediglich bei beruflichen Zielen und Zielen, die an bestimmte Finanzlagen gekoppelt sind (z.B. Kauf von Auto, PC, Wohnung), ist ein konkrete Planung unerlässlich. Einerseits hilft sie dabei, sich nicht zu verzetteln. Andererseits motiviert sie in Zeiten, in denen man hadert oder man von aller Anstrengung erschöpft und ausgelaugt ist. Hinzu kommt das gute Gefühl, die eigene Zukunft nicht ganz dem Schicksal zu überlassen.

Zukunftsplanung kann mit einer Prüfung verglichen werden. Bei jeder Prüfung liegt es an dir, ob du gelernt hast und vorbereitet in die Prüfung gehst oder ob du auf das Lernen verzichtest und pokerst. Das ist das, was du in der Prüfung in der Hand hast. Das Unvorhergesehene, was du hingegen nicht beeinflussen kannst, sind die Prüfungsfragen, die dich erwarten, die Prüfer*innen auf die du triffst und die Launen, mit denen die Prüfer*innen in die Prüfung kommen. Und ja, manchmal fällt man auch schlichtweg durch eine Prüfung, weil immer ein bestimmtes Kontingent an Prüflingen durchfallen muss. Folglich kannst du auch mit der besten Vorbereitung durchrasseln, wenn die Prüfer*innen vorher Stress mit den Kindern hatten. Allerdings ist deine Bestehenswahrscheinlichkeit, trotz misslauniger Prüfer*innen, um ein Vielfaches höher, wenn du dich vorbereitet hast.

Du hast es in der Hand, wie du in die Prüfung gehen willst. Du hast deine Zukunft in der Hand.

16. LEBENSSINN UND LEBENSKRISE

Die Frage nach dem Lebenssinn kommt immer dann, wenn man sie am wenigsten braucht. Bevorzugt vor Prüfungen und wichtigen Terminen. Laufen Prüfung und Termin dann nicht so wie wir es uns vorstellen, kann aus der Frage nach dem Lebenssinn eine ausgewachsene Lebenskrise werden. Jetzt magst du dich fragen, welche Krise einen mit 18 schon ereilen kann. Dabei gibt es gerade mit der Volljährigkeit viele potenzielle Krisenherde, die dich aus der Bahn schleudern können:

- du schaffst den Schulabschluss nicht
- deine Abschlussnote ist zu schlecht, um im ersten Anlauf einen Studienplatz zu bekommen
- du bekommst eine Absage von der Ausbildungsstelle
- in der von dir angestrebten Ausbildung gibt es keine freien Plätze

- deine Wunsch-Uni erteilt dir eine Absage, weil du dich 0,5 h zu wenig sozial engagiert hast
- dein BAföG-Antrag wird abgelehnt oder du erhältst weniger BAföG als erwartet
- deine Freund*innen verteilen sich in der Welt und die Kontakte laufen aus
- die große Liebe zerbricht und übersteht das Ende der Schulzeit nicht
- du wirst krank oder hast einen Unfall
- deine Eltern trennen sich

Diese Liste potenzieller Lebenskrisen ließe sich beliebig erweitern. Niemand kann ihnen ausweichen und früher oder später ereilen sie uns. Es wird auch nicht bei einer Krise bleiben. Wichtig ist, dass du als Erwachsene*r trotz aller Lebenskrisen die Zügel deines Lebens in der Hand hältst. Auch oder gerade, wenn der Weg gerade besonders steinig ist oder gar stagniert. Dieser ein wenig ausgeleierte Spruch »irgendwie geht's immer weiter« behält seine Gültigkeit. Es geht immer weiter. Wenn auch nicht immer so wie geplant.

In solchen Momenten ist es legitim, wütend, verletzt und traurig zu sein. Es ist in Ordnung, sich Hilfe zu holen, wenn man mit Lebenssinn und Lebenskrise nicht mehr allein fertig wird. Lebenskrisen und die Frage nach dem Sinn des Lebens können wirklich lange, mühevolle Durststrecken mit sich bringen.

Hier gilt es: durchhalten und einen Schritt nach dem nächsten zu machen. Manchmal kann es schon eine enorme Leistung sein, einfach zu atmen oder morgens die Augen aufzuschlagen. Auch das ist erlaubt.

Ob man nach einer Lebenskrise oder nach der intensiven Auseinandersetzung mit dem eigenen Lebenssinn mehr Kenntnis darüber hat als vorher, kann niemand beantworten. Zumal nur du entscheiden kannst, was der Sinn deines Lebens ist. Gespräche, Berufungen, Spiritualität und Religion können dir hier Hilfestellungen bieten. Die allumfassende und abschließende Definition deines individuellen Lebenssinns können sie dir nicht liefern. Und was sich heute als sinnhaft erwies, kann sich durch einen Schicksalsschlag morgen schon als überholt erweisen.

Dennoch hat dein Leben einen Sinn. Einfach, weil das Leben selbst der Sinn ist. Alles andere sind unsere Bonusdeutungen, die uns durch schwere Zeiten helfen.

Dein Leben hat also auch dann einen Sinn, wenn du keinen finden kannst. Ein sehr beruhigender Gedanke.

17. LEBENSENTWÜRFE ODER DIE PLANBARKEIT DES LEBENS

Eng verbunden mit dem Lebenssinn ist das Kapitel der Lebensentwürfe und Planbarkeit des Lebens. In einem Spruch heißt es: »Immer, wenn wir unser Leben planen, fällt das Schicksal lachend vom Stuhl.«[20]

Dieser Spruch enthält viel Wahrheit. Denn gleich wie durchgeplant und überlegt du dein Leben gestaltest, es kommt meistens etwas dazwischen. Leben ist nur bedingt planbar. Und doch verhält es sich hier ähnlich wie mit der Prüfung im Kapitel »Deine Zukunft liegt in deinen Händen«.

Pläne können durchkreuzt werden und du landest vielleicht wie Columbus dann auf einem Kontinent, den du gar nicht anvisiert hattest. Planlos in den Tag zu leben (was ab und zu für einen gewissen Zeitraum durchaus sehr reizvoll und erholsam ist) hieße aber, steuer- und führerlos loszusegeln.

Im besten Fall kommst du irgendwo an. Im schlechtesten Fall fällst du Wellen und Wetter des Ozeans zum Opfer.

Lebensentwürfe sind so vielgestaltig wie die Menschen. Auch wenn uns unser Umfeld und die Gesellschaft gern eine Handvoll Lebensentwürfe weismachen wollen, die allein gültig sind. Da kann der Druck von außen ziemlich groß werden.[21] Ähnlich verhält es sich, wenn man für sein Leben zwar eine grobe Planung hat, aber aus der konkreten zeitlichen Planung ausschert. Im letzten Fall kommen die Einwände, Fragen und Vorwürfe aus dem Umfeld pünktlich wie die Uhr. Dann hören wir Sachen wie:

- Wann ziehst du endlich aus?
- Wann suchst du dir einen vernünftigen Beruf?
- Warum hast du noch kein Kind?
- Warum bist du Single?
- Wann bist du endlich mit der Ausbildung fertig?
- Warum wohnst du immer noch in der WG?
- Warum fährst du kein Auto?

Wie du siehst, beschränken sich Lebensentwürfe nicht nur auf das Familienmodell. Die Probleme bleiben jedoch gleich.

Trotz veränderten Rollenbildern, Emanzipation und Gleichstellung wirst du erleben, dass es in der Praxis anders aussieht.[22]

Die viel propagierte Freiheit besteht in vielen Bereichen auch im 21. Jahrhundert nur auf dem Papier.

Es kann sein, dass du mit deinem Lebensentwurf gegen Windmühlen kämpfst. Da es aber um dein Leben, deine Zufriedenheit und dein Glück geht, lass dich davon nicht abschrecken. Manchmal hören auch Windmühlen auf sich zu drehen. Und wenn nicht, wirst du die Kraft haben, weiter für deinen Lebensentwurf einzutreten. Wir haben nur ein Leben. Und es wäre schade, es nach den Vorstellungen anderer zu führen, nur damit diese zufrieden sind.

Die Volljährigkeit gibt dir die Freiheit und Aufgabe für deine Lebensentwürfe und dein Leben einzustehen. Änderungen inbegriffen. Denn so wie du wächst und dich entwickelst, entwickeln sich deine Lebensentwürfe.

18. DAS EIGENE LEBENSKONZEPT: ZWISCHEN ERFOLGSDRUCK UND ZUFRIEDENHEIT

Auch wenn im Begriff »eigenes Lebenskonzept« das Wort »eigen« darauf hinweist, dass es hier um »dein« Lebenskonzept geht, wirst du bald feststellen, dass das »eigen« mitunter hart erkämpft werden will. Wie stark das eigene Lebenskonzept von deinem Umfeld und der Gesellschaft geprägt und beeinflusst wird, ist in den vorangegangenen Kapiteln schon angeklungen. In diesem Kapitel geht es weniger um den Druck und die Einflüsse von außen, als um den Einfluss deiner eigenen Einstellungen, Werte und Ansichten auf dein Lebenskonzept.

Ob du mit deinem Erwachsenenleben zufrieden bist, entscheidest du. Damit das gelingt, ist es wichtig, sich ab und zu darüber Gedanken und sich die Fragen zu stellen:

- Was brauche ich, um zufrieden zu sein?
- Wie definiere ich Zufriedenheit?
- Wird meine Zufriedenheit in erster Linie durch äußere Umstände (materieller Besitz, Leistung und Karriere, Anerkennung, Geld) bestimmt?

Es geht natürlich nicht darum, Besitz, Erfolg, Anerkennung und Geld kleinzureden. Dass wir alle nicht von Luft und Liebe leben können, steht außer Frage. Sind diese Dinge jedoch die Hauptaspekte, an denen du Zufriedenheit festmachst, stellst du dir selbst ein Bein. Und du machst dir das Leben schwer, vor allem in Situationen, in denen diese vier Punkte eben einfach nicht vorhanden sind oder in weiter Ferne liegen. Das betrifft dein Privatleben ebenso wie dein Berufsleben.[23] Wirst du von diesen vier Dingen gelenkt, brennst du auf Dauer aus und wirst im schlimmsten Fall ernsthaft krank.[24]

Auf der anderen Seite ist es keine Option, den Motor aus Anerkennung, Besitz, Erfolg und Geld völlig auszublenden oder abstellen zu wollen. Denn in gesundem Maß kann er dich zu Höchstleistungen motivieren. Wichtig dabei ist, dass es keine Jagd nach »immer mehr« wird und du dich nicht über die Erfolge definierst.

Erwachsensein bedeutet auch, die Balance zu finden und sich eine Zufriedenheit zu erarbeiten, die von deinen eigenen Ansprüchen und denen der Anderen unabhängig ist. Solche Zufriedenheit trägt dich durch alle Lebensphasen, die guten wie die schlechten. Diese Zufriedenheit verpufft nicht im Gegensatz zu Besitz, Erfolg, Anerkennung und Geld. Auch wenn du es dir vielleicht schwer vorstellen kannst: Diese vier Dinge kannst du bei aller Planung und Absicherung von jetzt auf gleich verlieren. Denn das Leben richtet sich nicht nach deinem Sicherheitsnetz.

Lernst du mit dir und deinem Leben zufrieden zu sein, auch wenn Anerkennung, Erfolg, Besitz und Geld ausbleiben, kannst du dir auch die Träume leisten, Prinzessin zu werden. Nichts ist unmöglich in deinem Lebenskonzept, wenn deine Basis stimmt. Und nicht selten werden Träume und Wünsche war, wenn wir gelernt haben, auch ohne sie zufrieden und glücklich zu sein.

19. DEINE SCHULE WÄHLST DU

Bisher haben deine Eltern die Entscheidung darüber getroffen, welche Schule du besuchst. Als Volljährige*r darfst du selbst entscheiden, welche Schule du besuchst.[25]

Mitten im Schuljahr ist ein Schulwechsel jedoch nur unter bestimmten Punkten möglich. Möglich ist ein Schulwechsel im laufenden Schuljahr, wenn du umziehst, wenn du gemobbt wirst oder wenn andere massive Schulprobleme (Probleme mit Lehrer*innen) und Lernprobleme (Über- und Unterforderung) bestehen oder deine aktuelle Schule psychische Probleme bei dir auslöst. Gerade Mobbing und psychische Probleme musst du nicht aushalten. Auch nicht, wenn es »nur noch« ein oder zwei Schulhalbjahre sind.

Ob ein Schulwechsel der beste Weg ist, kannst nur du entscheiden. Im besten Fall hast du die Möglichkeit das mit deinen Eltern und Lehrern zu besprechen. Denn eine Erfolgsgarantie, dass es an der anderen Schule besser läuft, gibt es nicht.

Solltest du die Schule wechseln wollen, solltest du folgende Punkte beachten:

- Schulen bieten unterschiedliche Fächer an
- die Lehrpläne variieren zwischen den Schulen
- jede Schule legt andere Schwerpunkte im Lehrplan fest
- jede Schule zeichnet sich durch ein unterschiedliches soziales Umfeld aus (hier kann man, wenn man aufgrund von Mobbing die Schule wechselt, schnell vom Regen in die Traufe kommen).

Es empfiehlt sich, die potenziellen neuen Schulen im Vorfeld anzusehen, mit Lehrer*innen und – sofern möglich – mit Schüler*innen zu reden und sich ein Bild von der Schule zu machen.

Möchtest du die Schule wechseln, kannst du jedoch nicht einfach zum Rektor der Wunschschule marschieren. Ein Schulwechsel ist an rechtliche Vorgaben gebunden und muss bei der zuständigen Schulbehörde (Schulamt) beantragt werden. Einen Vordruck für den schriftlichen Antrag kannst du im Internet herunterladen.[26]

Erst, wenn die Schulbehörde ihr okay gibt, kannst du dir einen Termin beim Rektor deiner Wunschschule geben lassen.

Dabei ist zu bedenken, dass nicht jede Schule dazu verpflichtet ist, dich aufzunehmen.[27] Hier spielen unter anderem die Aufnahmekapazitäten und die Zuständigkeit der Schule (Wohnortnähe) eine Rolle.[28] Daneben ist, wenn deine Schulpflicht erfüllt ist, nicht zu einer Aufnahme verpflichtet, wenn du aufgrund deines Verhaltens aus der Schule entlassen wurdest.

20. WILLKOMMEN IM ARBEITSLEBEN

Nicht bei allen Menschen ist die Volljährigkeit mit dem Schritt ins Arbeitsleben verbunden. Je nach schulischer Laufbahn stecken manche bereits in Ausbildung und Arbeitsleben, während andere noch die Schulbank drücken. Früher oder später wirst du jedoch im Arbeitsleben ankommen. Hier gelten Spielregeln, die es zu beachten gibt und in die du dich einfügen musst. Arbeitsleben ist kein Kindergeburtstag und du hast keine Schonfrist. Trotzdem musst du dir auch im Arbeitsleben nicht alles gefallen lassen. Du gestaltest dein Arbeitsleben aktiv mit. Das betrifft bereits deine Ausbildung. Arbeitsleben beginnt nicht erst nach Abschluss von Lehre und Studium. Erste Schritte ins Arbeitsleben vollziehst du mit jedem Praktikum und jedem Nebenjob. Jeder dieser kleinen Ausflüge mit Welpenschutz hilft dir, dich später im Arbeitsleben zurechtzufinden. Du wirst Lektionen für dein späteres Berufsleben lernen, Mentoren treffen, deine Stärken und Schwächen erkunden und herausfinden, was dir im Beruf wichtig ist. Folglich sind auch Praktika und Co. kein bloßes Absitzen von Zeit. Wenn du sie nutzt, kannst du sie gewinnbringend in dein zukünftiges Arbeitsleben investieren.

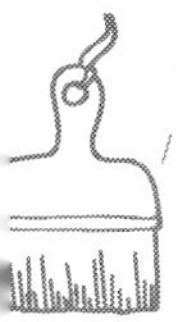

21. DIE BERUFSWAHL I: ALLE JOBS SIND ERLAUBT

Wer die Wahl hat, hat die Qual. Das gilt auch für deine Berufswahl. Welchen Beruf du ergreifst, entscheidest du. Auch wenn viele Menschen dir reinreden wollen (Spoiler: deine Eltern werden Experten darin werden), hast du die freie Wahl in Bezug auf deinen Beruf. Du kannst dich testen und probieren. Du kannst einen Job wieder verlassen, wenn er sich für dich nicht richtig anfühlt oder nicht zu dir passt. Und es ist auch vollkommen normal, dass sich die Bedürfnisse immer wieder ändern. Nur wenige Menschen bleiben heutzutage für den Rest ihres Lebens in einem Beruf in einer Firma. Während viele die Firmen wechseln oder eigene Firmen gründen, wechselt ein Großteil der Menschen auch den Beruf komplett. Sofern du das begründen kannst, sind Berufswechsel auch kein Karrierehindernis. Denn es ist dein Leben. Und wie du dein Leben gestalten und deine Bedürfnisse befriedigen kannst, hängt maßgeblich von deiner Berufswahl ab. Der Leitstern deiner Berufswahl bist du selbst. Das einzige, was du im Hinterkopf haben solltest: es hilft und beruhigt ungemein, wenn man eine abgeschlossene Ausbildung hat. Auch wenn Ausbildung und Studium Nerven, Kraft und Zeit kosten. Es lohnt sich, eine Ausbildung abzuschließen. Sie verschafft dir die Basis einen gut bezahlten Job nach deinen Vorstellungen annehmen zu können, von welchem aus du nach neuen beruflichen Perspektiven suchen kannst. Denn das Leben als Erwachsene*r muss auch finanziert werden. Mit einer abgeschlossenen Ausbildung wird das möglich. Das bedeutet nicht, dass du nun auf Gedeih und Verderb auf diesen Beruf festgenagelt bist. Es bedeutet finanzielle Entlastung und Unabhängigkeit ohne die du keine nächsten Schritte planen kannst. Denn obgleich viele Karrieren ohne abgeschlossene Ausbildung funktionier(t)en, so ist es ungleich schwieriger.

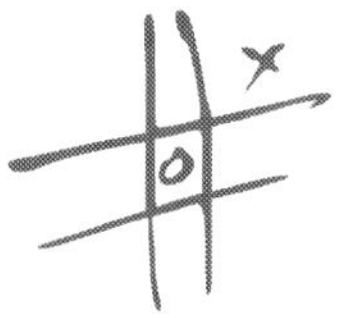

22. DIE BERUFSWAHL II: ENTSCHEIDUNGSFINDUNG

Es ist nicht einfach, sich für einen Beruf zu entscheiden. Auch wenn einige bereits in der Schule klare Vorstellungen von ihrem künftigen Berufsleben haben: Die meisten haben das nicht. Und das ist völlig in Ordnung. Zum einen muss man sich erst einmal mit sich selbst auseinandersetzen, um herauszufinden, welche Berufszweige für einen infrage kommen (eine kurze Anleitung zur Suche nach dem geeigneten Beruf findest du im Kapitel »Augen auf bei der Berufswahl«.). Zum anderen ist die Fülle an Berufen und Berufszweigen so riesig, dass selbst Erwachsene oft den Wald vor Bäumen nicht sehen. Oft neigen wir dazu, nur die klassischen Berufe auf dem Schirm zu haben, von denen man dauernd hört. Dabei gibt es unzählig viele andere Berufe. Ähnlich verhält es sich mit der Art der Ausbildung. Wenn du einen Beruf für dich gefunden hast, gilt es die richtige Ausbildung dafür zu suchen. In vielen Berufen ist die Ausbildung vorgeschrieben: So brauchen Mediziner*innen und Jurist*innen ein Studium. In anderen Berufen sieht es anders aus. Hier kannst du zwischen einer Ausbildung, einem Studium oder einem dualen Studium wählen, was Ausbildung und Studium koppelt. Die Art der Ausbildung entscheidet über deine späteren Einsatzbereiche. Lass dich aber nicht unter Druck setzen. Die Entscheidung, die du heute für deine Ausbildung triffst, kannst du später korrigieren oder erweitern. Wichtig ist, überhaupt mit einer Ausbildung anzufangen. Nur so findest du heraus, ob es der richtige Weg ist.

23. DER BERUFSEINSTIEG – ODER WIE GEHT BEWERBEN

An Bewerbungen kommt niemand von uns vorbei: Du brauchst sie für Praktikumsplätze, für Ausbildungsplätze und für Jobangebote. Sicher hast du in der Schule schon einiges über Bewerbungen gehört und vielleicht sogar schon Probebewerbungen geschrieben. Das Verfassen von Bewerbungen ist an bestimmte Spielregeln gekoppelt. Denke immer daran, dass du mit einem potenziellen Vorgesetzten sprichst. Hier haben Alltagssprache, Rechtschreibfehler und kumpelhafte Anreden nichts zu suchen. Je häufiger du Bewerbungen schreibst, umso mehr Erfahrung wirst du bekommen. Es hilft bei Absagen nachzufragen, woran es gelegen hat. Solltest du Schwierigkeiten beim Schreiben der Bewerbung haben: Lass dir helfen und nutze kostenlose Bewerbungsvorlagen. Folgende Dinge solltest du bei deiner Bewerbung beachten:

- Erkundige dich über deine*n künftige*n Arbeitgeber*in und stimme deine Bewerbung darauf ab: es muss deutlich werden, warum du für diesen Job oder diese Ausbildung geeignet bist.

- Vermeide endlose Listen deiner Hobbys, Ausbildungen und Freiwilligendienste. Erwähne gezielt jene Aktivitäten, die für deine*n Arbeitgeber*in relevant sind.

- Wähle die Art des Lebenslaufes, der am besten zum Job-/ Ausbildungsangebot passt: Der klassische tabellarische Lebenslauf über mehrere Seiten wird heutzutage selten verwendet. Ansprechender sind einseitige individuell gestaltete Lebensläufe.

- Versuche kurz und prägnant bei der/dem Arbeitgeber*in in Erinnerung zu bleiben: oft landen viele Bewerbungen in einer Firma und man erinnert sich an jene, die sich vom Rest abheben (Spoiler: damit ist nicht der Kaffeefleck gemeint).

- Bevorzuge Online-Bewerbungen, klassische Bewerbungen auf Papier verschwinden häufig unter Papierstapeln.

- Erkundige dich vor deiner Bewerbung telefonisch oder vor Ort, so verbindet dein*e Arbeitgeber*in ein Gesicht mit deiner Bewerbung.

Und am Ende: Lass dich von Absagen nicht entmutigen. Die treffen auch die Besten und folgen selten einer Logik. Oft bewerben sich einfach zu viele Menschen auf eine Stelle.

24. DEIN RECHT IN DER AUSBILDUNG

In deiner Ausbildung bist du nicht als Spielball den Launen deiner Ausbilder*innen unterworfen. Deine Ausbildung wird durch Rechte definiert, die im Ausbildungsvertrag, in der bundeseinheitlichen Ausbildungsverordnung (diese gibt es spezifisch für die einzelnen Berufszweige), im Arbeitszeitgesetz und im Berufsbildungsgesetz verankert sind.[29] Mit deiner Volljährigkeit übernimmst du die Verantwortung für deine Ausbildung. Nimm dir die Zeit, dich mit den genannten Verordnungen und Gesetzen vertraut zu machen. Das stärkt deine Position in der Ausbildung. Dann weißt du, welche Pflichten und Rechte du hast. Werden deine Rechte missachtet, kannst du etwas dagegen unternehmen. Das musst du dir nicht gefallen lassen.[30] Missachtungen sind beispielsweise:

- In der Ausbildung vorgeschriebene Themen werden nicht unterrichtet.
- Vorgeschriebene Fertigkeiten werden dir nicht beigebracht und du hast keine Zeit, diese zu üben.
- Du hast zu wenig Leistungsüberprüfungen und damit keine Chance, schlechte Noten auszubessern.
- Dein*e Arbeitgeber*in stellt dir deine Ausbildungsmittel nicht kostenlos zur Verfügung (§ 14 BBiG Ausbildungsmittel).
- Deine Arbeitszeiten werden überschritten.

Stellst du fest, dass deine Rechte nicht beachtet werden, suche das Gespräch mit deinen Ausbilder*innen. Hat das keinen Erfolg, wendest du dich an die nächsthöheren Instanzen (z. B. Interessenvertretung der Auszubildenden, Betriebsrat, Firmen- und Schulleitung, Handwerkskammer).

25. DEIN RECHT IM STUDIUM

Parallel zur Ausbildung hast du auch im Studium Rechte. Diese werden durch die Hochschulgesetze sowie die Prüfungs- und Studienordnung festgelegt. Um hier bestens informiert zu sein, solltest du dich mit den aktuellen Gesetzen und Verordnungen befassen. Zumal sie zwischen den Bundesländern und den einzelnen Universitäten variieren.[31] Wechselst du beispielsweise die Uni, können sich Studien- und Prüfungsordnung deutlich ändern. Uninformiert würdest du dir viele Probleme einhandeln und dein Studium gefährden oder unfreiwillig verlängern.

Neben diesen Rechten hast du als Student*in die Möglichkeit, dich für die Interessen und Rechte der Studierenden aktiv einzusetzen. Fachschaften, Fachschaftsrat, Studentenrat und Allgemeiner Studierendenausschuss (AStA) sind die Interessenvertretungen der Student*innen. Sie stellen die politische Bühne im Kleinen dar, die dazu dient, das Mitspracherecht der Student*innen an den Unis umzusetzen. Je nach Uni sind die Interessenvertretungen mehr oder minder stark aktiv. Häufige Punkte auf der Tagesordnung der Interessenvertretungen sind das Semesterticket, Prüfungsabläufe oder überfüllte Seminare.

26. DEIN RECHT IM BERUF

Auch im Beruf hast du Rechte. Das wird für dich als Volljährige*r dann relevant, wenn du neben deiner Ausbildung jobbst oder wenn du ohne Ausbildung ins Arbeitsleben einsteigst.

Verankert sind deine Rechte in deinem Arbeitsvertrag (den erhältst du auch bei einem Aushilfs- oder Minijob) und in den zahlreichen Gesetzen des Arbeitsrechts. Hier findest du zu so ziemlich jedem Aspekt deines Arbeitslebens ein Gesetz: z. B. das Tarifvertragsgesetz, das Kündigungsschutzgesetz, das Mutterschutzgesetz, das Arbeitszeitgesetz, das Bundesurlaubsgesetz oder das Entgeltfortzahlungsgesetz. Mit den einzelnen Gesetzen beschäftigt man sich oft erst dann, wenn man sie benötigt. Mit deinem Arbeitsvertrag solltest du dich jedoch vorher beschäftigen. Und prüfen, ob die zentralen Punkte (Arbeitszeit, Kündigungsschutz, Lohnfortzahlung bei Urlaub, Krankheit und Elternzeit) mit den aktuellen Gesetzen konform gehen. Leider bedienen sich Arbeitgeber*innen zahlreicher Schlupflöcher, um aus gesetzlich vorgeschriebenen Verpflichtungen herauszukommen. Das tritt vor allem bei Aushilfs- und Minijobs auf. Dabei hast du auch bei diesen Tätigkeiten Rechte, die dein*e Arbeitgeber*in zu gewähren hat. Zu prüfen, dass die Gesetze eingehalten werden, liegt in deiner Verantwortung. Insbesondere, da Missachtungen oder negative Auslegungen der Gesetze in der Regel zu Gunsten der Arbeitgeber*innen laufen und diese dich ganz sicher nicht darauf aufmerksam machen werden. Nimmst du hier Rechtsverletzungen wahr, habe den Mut, diese anzusprechen und dich dagegen zu wehren. Dieses Recht hast du auch in jungen Jahren und auch in einem Aushilfs- und Minijob. Lass dich von der scheinbaren Dominanz deiner Arbeitgeber*innen nicht abschrecken. In einem Beruf wollen beide Seiten etwas: hier sitzen Arbeitgeber*innen nicht am längeren Hebel und nicht in einer Machtposition, auch wenn sie das leider gern so darstellen.

27. GEWERBE- UND UNTERNEHMENSGRÜNDUNG: DEINE IDEEN ZÄHLEN

Mit Erreichen der Volljährigkeit kannst du formal ein Gewerbe anmelden oder ein Unternehmen gründen. Die Voraussetzungen, die du erfüllen musstest, um beides vor dem 18. Lebensjahr zu starten, entfallen mit der Volljährigkeit. Dennoch gründet man nicht einfach just for fun ein Unternehmen oder meldet ein Gewerbe an. Zumal beides mit Pflichten verbunden ist, die über das Finanzielle weit hinausgehen. Damit deine Geschäftsidee erfolgreich ist, ist die Planung das A und O. Hier musst du zum ersten Mal Durchhaltevermögen, Schweiß, Mut und Nerven beweisen. Natürlich steht es dir frei, diesen Weg zu gehen. Du solltest nur wirklich ausreichend und gut darauf vorbereitet sein, damit das Scheitern nicht vorprogrammiert ist und du deine Idee begraben musst.

28. VERSICHERUNGEN IN BALANCE

Versicherungen sind ein komplexes Thema, was Erwachsene unabhängig des Alters überfordern kann. Während viele Menschen unterversichert sind, haben andere zu viele Versicherungen. Als junger Mensch fehlen oft die Weitsicht und die Erfahrung für die Notwendigkeit von Versicherungen. Vor allem bei denen, zu denen du gesetzlich nicht verpflichtet bist. Das ist ein wenig wie mit dem Regenschirm: Kaum hat man ihn zu Hause vergessen, trifft einen der Regenschauer. In der Praxis können fehlende Versicherungen ziemlich teuer werden. Dennoch liegt es an dir, ob und welche Versicherungen du dir zulegst. Sinnvoll sind

- eine Rechtsschutzversicherung (Anwaltskosten werden schnell sehr teuer)
- eine Hausratversicherung (zerkratzt dein Hund die Zimmertür, winkt der Vermieter mit der Rechnung)
- die private Haftpflichtversicherung mit Schlüsselversicherung (sonst wird es teuer, wenn du deinen Schlüssel im Betrieb verlierst, er gestohlen oder beschädigt wird)
- eine Lebensversicherung (wenn du eine Familie absichern möchtest)
- eine Berufsunfähigkeitsversicherung (sehr ratsam, weil man auch in jungen Jahren ad hoc berufsunfähig werden kann (z.B. durch eine Depression, einen Unfall, eine Krebserkrankung) und diese Versicherung dein Einkommen sichert)

Als Tipp für die Balance in deinen Versicherungen:

Prüfe jährlich vor Ablauf deiner Kündigungsfrist, ob andere Versicherungsanbieter bessere Konditionen bieten.

Erhöht der Anbieter deinen Versicherungsbeitrag, kannst du den Anbieter unabhängig der Kündigungsfrist wechseln.

29. DIE KOSTENFREIE FAMILIENVERSICHERUNG BEI DER KRANKENKASSE

In Deutschland besteht eine Krankenversicherungspflicht. Dabei kannst du dich entweder in der gesetzlichen Krankenversicherung (GKV) oder der privaten Krankenversicherung (PKV) versichern. Der Beitrag richtet sich in der GKV nach dem gesetzlichen Krankenkassenbeitrag (derzeit rund 15 %) und deinem Einkommen. In der PKV bestimmt die PKV den Mitgliedsbeitrag, abhängig von den Leistungen. Zwar ist der Beitrag in der PKV einkommensunabhängig. Er wächst aber bis zu Renteneintritt stetig an und kann, v.a. wenn Erkrankungen hinzukommen, ein Vielfaches über dem Beitrag der GKV liegen. Letzterer hat eine gedeckelte Obergrenze.

In der GKV besteht die Möglichkeit, Familienmitglieder beitragsfrei aufzunehmen. Das gilt beispielsweise für dich, wenn deine Mutter, dein Vater oder dein*e Ehepartner*in in der GKV versichert sind.

Um als Familienmitglied (Kind, Ehepartner*in, Lebenspartner*in) kostenlos versichert zu sein, musst du jedoch bestimmte Voraussetzungen erfüllen. Hierzu zählen:[32]

- ★ Hauptwohnsitz in Deutschland
- ★ Ausschluss einer Pflichtversicherung

- ★ maximales Monatseinkommen von 435 Euro oder von 450 Euro bei einem Minijob
- ★ Ausschluss einer hauptberuflichen Selbständigkeit
- ★ Ausschluss einer Befreiung von der gesetzlichen Krankenversicherungspflicht
- ★ Beamt*innen, Richter*innen, Soldat*innen und Geistliche können die kostenlose Familienversicherung nicht in Anspruch nehmen

Weitere Einschränkungen bestehen, wenn deine Eltern in GKV und PKV versichert sind. In der PKV gibt es diese kostenlose Mitversicherung nicht.

Hier müssen für Kinder und Partner*innen Beiträge gezahlt werden.[33]

Sowohl für die PKV als auch für die GKV gibt es viele Vor- und Nachteile. Diese lassen sich in jungen Jahren nicht wirklich gegeneinander aufwiegen, da du nicht weißt, wie sich deine Jobsituation und Krankheitslage in 10 oder 20 Jahren ändern wird. Hier geht man bei beiden Optionen Kompromisse ein, die auch negative Konsequenzen mit sich bringen. Aufgrund des neuen Krankenversicherungsgesetzes gibt es mittlerweile aber in der PKV ein Auffangnetz, um das Herausfallen aus der Krankenversicherung bei wegfallenden Einnahmen minimieren zu können. Hierbei rutschst du in einen Tarif, der sich an dem Krankenkassenbeitrag der GKV orientiert und derzeit über dieselben Tarifoptionen wie die GKV läuft.

30. HALLO KÖRPER: GESUNDHEIT FÜR EIN LANGES LEBEN

Das du einen gesunden Körper brauchst, um alt zu werden, steht außer Frage. Und von Gesundheits-Check-ups hast du vielleicht bei deinen Eltern und Verwandten schon einmal gehört. Viele denken hier an Check-ups zur Krebsvorsorge, die erst in höherem Alter starten. Dabei hast du auch zwischen deinem 18. und deinem 34. Lebensjahr Anspruch auf einen einmaligen Gesundheits-Check-up, dessen Kosten die Krankenkassen übernehmen. Ab dem 35. Lebensjahr hast du alle drei Jahre Anspruch auf einen Check-up.[34] Ein Check-up dient dazu, Erkrankungen frühzeitig zu erkennen und zu behandeln. Gerade die sogenannten Volkskrankheiten wie Diabetes mellitus (Blutzuckererkrankung), Bluthochdruck und Abnutzungen des Skelettsystems können so rechtzeitig behandelt und Spätfolgen minimiert werden. Die Grenzen für die verschiedenen Check-ups orientieren sich an den Altersstufen, in denen bestimmte Krankheiten am häufigsten auftreten. Krankheiten treten selbstverständlich auch früher auf. Dann wirst du entsprechend behandelt.

Gleichzeitig kannst du selbst etwas tun, um deine Gesundheit zu erhalten. Denn dein Körper denkt langfristig: die Strapazen, die du deinem Körper in den kommenden Jahren zumutest, können dir mit 40 oder 50 Jahren auf die Füße fallen. Vor allem Alkohol und Nikotin, aber auch Übergewicht, Fast Food, Stress und Bewegungsmangel machen sich erst in einigen Jahrzehnten bemerkbar. Leider sind die Folgen dann nicht mehr umkehrbar: Abgenutzte Gelenke bleiben abgenutzt und verkalkte Blutgefäße verkalkt. Natürlich spricht nichts gegen ein Wochenende als Couchpotato oder Fast Food. Dein gesunder Lebensstil sollte jedoch überwiegen. Das lässt sich schon mit wenigen Dingen umsetzen:

- eine Portion Gemüse am Tag
- Fahrrad statt Auto
- Treppe statt Aufzug
- täglich 20 Minuten Bewegung
- dreimal wöchentlich eine Stunde Sport
- ausreichend Schlaf
- trinke 2-3 Liter am Tag (Kaffee und Alkohol zählen nicht)
- versuche auf Zigaretten zu verzichten oder sie zu reduzieren
- konsumiere Alkohol bewusst und verzichte auf regelmäßigen Konsum

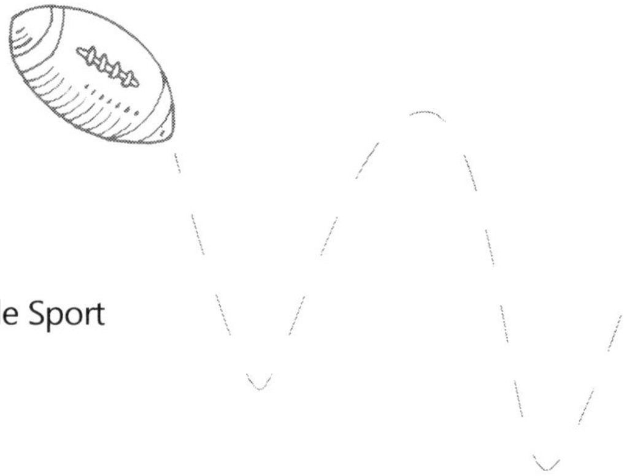

31. AUSFLUG INS NACHTLEBEN: LEBEN AM LIMIT

Verbunden mit der Volljährigkeit kannst du das Nachtleben in vollen Zügen genießen. Vielleicht ist dir das gar nicht so aufgefallen. Doch bis zum 18. Lebensjahr durftest du zwar bereits seit zwei Jahren ohne deine Eltern in Klubs, Discos und Bars gehen. Warst du damals allein unterwegs, musstest du um Mitternacht die Location verlassen. Ausnahmen gab es, wenn du in Begleitung eines Erwachsenen (älter als 18 Jahre) warst und eine Erlaubnis deiner Eltern mit Nennung deiner Begleitung bei dir hattest.[35] Sonst war auch in Begleitung um Mitternacht Schluss. Mit der Volljährigkeit entfallen diese Bestimmungen. Jetzt kannst du durch die Klubs ziehen, bis der Morgen anbricht.

Allerdings bist du auch dafür verantwortlich, am nächsten Morgen pünktlich am Arbeits- und Ausbildungsplatz zu erscheinen. Da gibt es keinen Welpenschutz. Und spätestens nach dem zweiten Zuspätkommen und einer Abmahnung (ja, die ereilt dich bei unentschuldigtem Fehlen auch am Ausbildungsort oder der Berufsschule), kann es ziemlich unangenehm werden und du deinen Job oder Ausbildungsplatz verlieren.[36]

Gehst du noch zur Schule, bist du jetzt ebenfalls selbst dafür verantwortlich, pünktlich im Unterricht zu erscheinen. Eine Schulpflicht besteht bis zum Ende des Schuljahres, in dem du die Volljährigkeit erreichst.[37] Danach besteht für dich keine Schulpflicht mehr. Durchzechte Nächte und Fernbleiben vom Unterricht ist in diesem Fall zwar deine freie Entscheidung. Allerdings kannst du dir in Abhängigkeit der so zustande kommenden Fehltage und dem Fehlen einer plausiblen Entschuldigung bzw. eines ärztlichen Attestes eine Menge Ärger einhandeln. Da du mit Ablauf des Schuljahres, in welchem du volljährig wurdest, deine Schulpflicht erfüllt hast, kann dich die Schule auch entlassen (§ 56 Abs. 4 SchulG M-V).[38]

Beachtest du deine Anwesenheitsverpflichtungen und den daraus resultierenden Konsequenzen bei Missachtung in Schule und Ausbildung, kannst du das Nachtleben genießen.

32. NACH HAUSE KOMMEN, WANN DU WILLST

Eng verbunden mit dem unbegrenzten Ausflug ins Nachtleben, darfst du fortan auch nach Hause kommen, wann du möchtest.

Wohnst du noch bei deinen Eltern, macht es zum besseren Miteinander Sinn, wenigstens Bescheid zu sagen, wann du in etwa wiederkommst. Wenn du plötzlich für mehrere Tage von der Bildfläche verschwindest, können deine Eltern eine Vermisstenanzeige stellen. Ein klärendes Gespräch über deine geplante An- und Abwesenheit in den heimischen vier Wänden beugt solchen wohlgemeinten Aktionen vor. Denn trotz aller Volljährigkeit bleibst du immer das Kind deiner Eltern. Und sie werden sich Sorgen machen, wenn du verschwindest.

Hast du deine eigenen vier Wände bezogen, spielen solche Abmachungen keine Rolle mehr. Hier kannst du kommen und gehen, wie du möchtest. Sollte dir der Ausflug ins Nachtleben zu kurz gewesen sein und verschlägt es dich zum Brunch und zum Stadtbummel, kommst du eben erst am Abend wieder nach Hause.

Kommst du nachts nach Hause, solltest du zum einen das Mietrecht (Stichwort »Nachtruhe«) beachten und dich respektvoll gegenüber deinen Mitbewohner*innen und Nachbar*innen verhalten. Nicht jeder kann die Nacht zum Tag machen. Und bei mutwilliger Störung der Nachtruhe kannst du deine Wohnung verlieren oder mit einem Bußgeld belegt.[39] In der Regel besteht die Nachtruhe von 22 bis 6 Uhr.

33. SOLARIUM OHNE BEGRENZUNG – ODER DIE FREIHEIT DER BRÄUNE

Für viele gehört der Gang ins Solarium zum alltäglichen Leben. Aus gesundheitlicher Sicht gibt es jedoch keinen schlüssigen Grund für einen Solariumbesuch. Denn neben der schnelleren Hautalterung (Spoiler: mit 30 Jahren siehst du durch deine solariumgebräunte Haut aus wie ein*e 70 Jährige*r mit Schrumpelhaut), die sich nicht umkehren lässt, steigt das Risiko an Hautkrebs zu erkranken.[40] Bereits bei einem einmaligen Solariumbesuch vor dem 35. Lebensjahr steigt dein Hautkrebsrisiko um 87 %.[41] Mit jedem weiteren Besuch steigt das Krebsrisiko pro Jahr um 1,8 %. Glücklicherweise kann der Hautkrebs frühzeitig erkannt werden, wenn du auf Unregelmäßigkeiten deiner Haut und Veränderungen deiner Leberflecke (Nävi) achtest und diese rechtzeitig von einer Ärztin bzw. einem Arzt abklären lässt. Auch die Überlebensrate des am häufigsten verbreiteten malignen Melanom ist mit rund 90 % in den ersten fünf Jahren nach Diagnosestellung recht gut.[42]

Das Argument, dass das Solarium gegen den Sonnenbrand im Urlaub schützt, hat sich übrigens als Märchen erwiesen und trifft nicht zu.

34. TATTOO UND PIERCING

Prinzipiell fehlt bei den verschiedenen Körperschmuckarten wie Tattoo und Piercing eine genau definierte Altersbeschränkung, ab wann welcher Körperschmuck möglich ist. In einigen Studios sind Tattoos mit Einwilligung der Eltern bzw. des gesetzlichen Vormunds und deiner Einwilligung bereits ab dem 16. Lebensjahr und damit vor dem 18. Geburtstag möglich. In Anwesenheit der Eltern bzw. eines gesetzlichen Vormunds sind Piercings bereits ab dem 14. Lebensjahr möglich. Doch was genau ändert sich jetzt für dich mit der Volljährigkeit?

Der entscheidende Unterschied ist, dass du ab jetzt allein entscheidest, ob, wann und wo du dir ein Tattoo oder ein Piercing stechen lässt. Von der Anzahl ganz zu schweigen. So lang es noch eine freie Stelle an deinem Körper gibt, steht einem Körperschmuck nichts im Weg.

Dennoch kommt man mitunter zu Tattoo und Piercing wie die berühmte Jungfrau zum Kind. Nicht selten führten Partyspiele, verlorene Wetten und Übermut im Urlaub zu einem Körperschmuck, an dem man sich fortan sein ganzes Leben erfreut oder ärgert. Zumindest, wenn es sich um ein Tattoo handelt. Obgleich die Medizin verschiedene Verfahren (z.B Laserbehandlung) zur Tattoo Entfernung kennt, gibt es keine Garantie für ein zufriedenstellendes Ergebnis. In den meisten Fällen bleibt eine Pigmentierung (Hautfarbe) an der ehemaligen Tattoo-Stelle zurück, welche von der umliegenden Hautfarbe abweicht. So kann die Haut im ehemaligen Tattoo-Bereich entweder heller oder dunkler erscheinen. Je nach Größe des Tattoos ist es dementsprechend auffällig.

Solltest du dich also mit dem Gedanken eines Tattoos oder Piercings tragen, versuche es nicht in der nächsten Partynacht oder im nächsten Urlaub wahr werden zu lassen. Nicht nur, dass man in solchen Hauruckaktionen nicht unbedingt bei seriösen Tätowierer*innen/ Piercer*innen landet, deren Ergebnisse einem im nüchternen Zustand die Haare zu Berge stehen lassen. Diese Arten von Körperschmuck sind immer auch mit dem Risiko einer Komplikation verbunden. Hierbei kann es beispielsweise vorkommen,

- dass sich die tätowierte/ gepiercte Stelle lokal entzündet und mit einer Narbenbildung abheilt.

- dass ein Piercing aufgrund einer Entzündung, Unverträglichkeitsreaktion oder anderweitigen Komplikation durch einen Facharzt für Chirurgen entfernt werden muss.

- dass es zu lebensbedrohlichen Komplikationen kommt oder

- dass du dich mit einem Erreger (Bakterien, Viren) infizierst, wenn das Studio mit unsauberen Instrumenten arbeitet oder Tätowier*innen/ Piercer*innen an ansteckenden Erkrankungen leiden.

Wenn du dir sicher bist, dich tätowieren oder piercen zu lassen, sollten dich Komplikationen nicht abschrecken. Es gilt nur

- das richtige Tattoo-/ Piercing-Studio zu finden

- vertrauensvolle und v.a. professionell arbeitende Tätowierer*innen/ Piercer*innen zu finden

- sich bereits im Vorfeld mit der Nachsorge zu befassen (z.B. ab wann darfst du baden und sonnenbaden, welche Creme solltest du wie lang und wie oft auftragen)

Der Kumpel, der sich also grad auf Amazon oder Ebay eine Tätowiermaschine besorgt hat, ist definitiv die falsche Wahl, wenn du Freude an deinem Körperschmuck haben willst.

Daneben solltest du, trotz allem jugendlichen Enthusiasmus, genau überlegen, an welcher Stelle du ein Tattoo oder Piercing haben möchtest. Auch wenn es dein Körper ist, mit dem du machen kannst, was du willst, können sichtbare Tattoos und Piercings auch heutzutage noch in vielen Branchen ein Karrierehindernis sein. Viele gehen soweit, bereits eine Ausbildung abzulehnen, wenn die Bewerber*innen Tattoos oder Piercings tragen. Überlege dir, welche beruflichen Wege du einschlagen möchtest oder welche Karriere du planst und hole dann Informationen ein, ob Tattoo und Piercings in deine Berufspläne passen. Sicher denkst du jetzt: »Was geht andere mein Körperschmuck an. Ich zieh das jetzt durch und dann passt das schon.« In den meisten Fällen passt es dann leider nicht. Vor allem nicht, wenn sich der Körperschmuck an sichtbaren Körperregionen (Ohr, Gesicht,

Hals, Hände, Unterarme) befindet. Bitteren Tränen über die verlorene Jobchance oder über die Entfernung des heiß ersehnten Körperschmucks lassen sich vorbeugen, wenn man das im Vorfeld abklärt. Und wenn du dir jetzt trotzig denkst, dass du ja notfalls immer noch als Bad-Boy-Rapper durchstarten kannst, bedenke: Von denen gibt es schon zu viele und mit irgendetwas muss man seine Brötchen verdienen. Nimm dir Zeit über einen geplanten Körperschmuck nachzudenken. Dann wirst du viele Jahre daran Freude haben, statt als gestrandeter Bad Boy-Rapper beim Pizzaausliefern dein Leben zu verfluchen.

Ein weiter wichtiger Aspekt, den du in deine Entscheidung für ein Tattoo oder Piercing berücksichtigen solltest, ist die Kostenübernahme bei Komplikationen. Das betrifft nicht nur Komplikationen unmittelbar nach dem Stechen. Auch Komplikationen, die Jahre und Jahrzehnte später auftreten können, können ein riesiges Loch in die Kasse reißen. Denn nach dem Sozialgesetzbuch (§52 Abs. 2 SGB V) muss die Krankenkasse die Kosten nicht übernehmen und darf die Kosten in angemessener Höhe von dir zurückfordern. Da Ärzte dazu verpflichtet sind, Komplikationen im Rahmen eines Körperschmucks der Krankenkasse zu melden (§294a Abs. 2 SGBV, §58 Abs. 2 BMV-Ä), erhältst du entweder eine Rechnung von deiner Krankenkasse oder direkt eine Privatrechnung von deinem behandelnden Arzt.[43,44] Die Überlegung, dass das ohnehin selten auftritt, entspricht leider nicht der Realität. Rund 30% der Tattoos und Piercings führen zu Komplikationen, von denen etwa 15% eine ärztliche Behandlung notwendig machen.[45] In etwa einem von 100 Fällen ist eine Krankenhausbehandlung erforderlich.[46]

Bist du dir sicher mit deiner Entscheidung, passt sie zu deiner geplanten Berufslaufbahn und hast du ein Studio deines Vertrauens gefunden: genieße deine neue Errungenschaft. Und lass dir nicht von deinen Eltern und selbst ernannten Experten einreden, wie misslungen Tattoos und Piercing im Alter aussehen. In der Regel sehen sie auch im hohen Alter gut aus und erhalten Träger und Trägerin den Hauch des in vollen Zügen ausgekosteten Lebens.

35. LOTTOSCHEIN UND SPIELCASINO

Auch wenn du mit der Volljährigkeit in ein Spielcasino gehen könntest, so unterscheiden die einzelnen Bundesländer danach, ob du mit 18 oder mit 21 Jahren selbiges betreten kannst.[47] Hier spielt zum einen der Fakt eine Rolle, dass viele Spielcasinos der Meinung sind, dass ältere Kunden mehr Geld ausgeben. Zum anderen will man mit der Altersbeschränkung vermeiden, dass junge Erwachsene zu früh in die Glücksspielsucht rutschen. Auch wenn es reizvoll ist, in ein Spielcasino zu gehen und sicherlich möchten dass viele von uns einmal tun, so dauert es ähnlich wie bei Crystal Meth nur eine kurze Zeit bis sich eine Abhängigkeit vom Glücksspiel einstellt. Manchen reicht ein einziges Spiel.

Selbst wenn du hier nur mit kleinen Beträgen agierst, können sich diese summieren. Irgendwann reichen die kleinen Beträge nicht mehr aus. Das hinter den Glücksspielen stehende Motivationssystem beruht darauf, dich mit kleinen Beträgen anzulocken. Hier setzt in der Tat der gesunde Menschenverstand aus. Dann von außen betrachtet oder wenn ein Freund von dir sein Geld im Spielcasino verzockt, würdest du vermutlich sagen: »Das ist ja kein Gewinn bei einem Automaten, wenn man 10 Euro gewinnt, aber dafür 40 Euro reinstecken musste.« Das ist die normale Logik derer, die nicht aktiv in einem Spielcasino spielen. Zusammen mit der dort herrschenden Atmosphäre von Adrenalin und Reiz und potenziellen Gewinn, verliert aber auch der rationalste Mensch diesen Gedankengang.[48] Und das umso schneller, je jünger eine Person ist.[49,50] Am Ende wirst du jeden 5 Euro hinterherjagen, die du in einem Automaten gewinnen kannst. Vielleicht erinnerst du dich ja noch an deinen letzten Aufenthalt auf dem Jahrmarkt. Hier gibt es Spielautomaten, wo man Kuscheltiere angeln oder Münzen sammeln muss, um Gewinne zu erzielen. Die ausgelassene Stimmung zusammen mit deinen Freund*innen, führt dazu, dass du selbst dort viel Geld wie im Rausch verspielst. Wovon viele Eltern ein Lied singen können. Solltest du also für dich entscheiden ein Spielcasino aufzusuchen, ist es ratsam, nicht allein zu gehen, dir die Automaten und Spielmöglichkeiten von einem Erwachsenen erklären zu lassen sowie Kreditkarte, Geldkarte und größere Bargeldbeträge am besten gleich zu Hause zu lassen. Der Charme, den Spielcasinos in Filmen seit jeher vermitteln, existiert in der Realität nicht. In den meisten Casinos ist es ungemütlich und optisch wenig ansprechend. Du wirst Menschen sehen, die dich erschrecken. Häufig sind es hart arbeitende Menschen, die ihre Tageseinnahmen (z.B. aus Taxifahrten oder ihren Trinkgeldern) am Abend bereits ins Casino tragen und mit Bier und Wodka in die Luft blasen.

Während es in den Bundesländern variiert, ab wann du einen Spielcasino betreten und dort spielen darfst, gilt für das Lottospiel in Deutschland die Volljährigkeit als Eintrittsgarant.

Solltest du verreisen und planen im Ausland Lotto zu spielen oder und Spielcasino zu betreten, so ist es sinnvoll sich vorher zu informieren, welche rechtlichen Bestimmungen dort geltend. Nicht in allen Ländern sind der Eintritt in ein Spielcasino und das Glücksspiel bereits mit der Volljährigkeit erlaubt.[51] Für die meisten von euch wird das keine große Rolle spielen. Zieht es dich jedoch hinaus auf Weltreise, dann sind solche Informationen durchaus relevant. Vor allem wenn Glücksspiel erst mit 21 Jahren erlaubt ist. Verstößt du die gegen diese Auflagen, kann es dir passieren, dass du mit rechtlichen Konsequenzen zu rechnen hast. Eine Besonderheit ist, dass die Zugangsbeschränkungen für Lotto und Glücksspiel im Ausland auch auf den Online-Bereich übertragen wurden. Für die Praxis heißt das: Hast du online an einer ausländischen Lotterie teilgenommen und erfüllst nicht die Altersbegrenzung Begrenzungen, so hast du kein Anrecht auf deinen Gewinn.

36. ALKOHOL OHNE LIMIT

Während du bereits mit Vollendung des 16. Lebensjahres Bier Wein oder Sekt konsumieren konntest, unterliegen hochprozentige alkoholische Getränke in Deutschland der Altersbegrenzung von 18 Jahren.[52] Das heißt, dass du mit dem Erreichen deiner Volljährigkeit von nun an auch hochprozentige alkoholische Getränke zu dir nehmen kannst. Dazu gehören beispielsweise Wodka oder Cocktails. Eine Einschränkung hierfür gibt es nicht. Das heißt, du kannst jetzt diese alkoholischen Getränke, egal, um welche es sich handelt, in der Öffentlichkeit sowohl kaufen als auch trinken. Das gilt für alle Verkaufsstellen und Gaststätten. Ähnlich wie beim Lotto und Spielcasino gibt es auch für den Alkoholkonsum in einzelnen Ländern unterschiedliche rechtliche Bestimmungen. Für deinen nächsten

Urlaub solltest du dich vorher informieren, ob und wenn ja welche Alkoholsorten du bereits mit Vollendung des 18. Lebensjahres trinken dürftest. Denn es gibt in der Tat schönere Dinge, als sich im ersten großen Urlaub mit der Polizei auseinandersetzen zu müssen. Zumal du, auch wenn du keine Erlaubnis zum Alkoholkonsum hast, dort aufgrund deiner Volljährigkeit ebenso rechtlich zur Verantwortung gezogen werden kannst. Hier kann sich durch Fehlinformationen ein Urlaub schnell zu einem Desaster inklusive Gefängnisaufenthalt herausstellen. Das wäre dann zwar eine tolle Anekdote für die spätere Familienfeier, im Ganzen kann man darauf aber auch verzichten. Zumal sich eine Anklage oder Verurteilung im Ausland in deinem polizeilichen Führungszeugnis in Deutschland wiederfindet. Jetzt magst du dich fragen, warum das von Relevanz ist. Es gibt zahlreiche Berufe, in denen du sowohl für die Ausbildung als auch für die spätere Tätigkeit ein polizeiliches Führungszeugnis vorlegen musst. Tauchen dort etwaige Verstöße auf, kann sich das sowohl negativ auf deinen Ausbildungsplatz als auch auf deine Berufswahl auswirken. Und aus dem vermeintlichen Spaß im Ausland werden ein ungewollter Karriereknick und ein ungewollt verbauter Berufsweg.

Doch warum ist Alkohol eigentlich so gefährlich und warum gibt es so strenge Begrenzungen? Alkohol gehört zu den sucht und Rauschmitteln, die zahlreiche Prozesse in deinem Körper verändern.[53] Vielleicht erinnerst du dich noch an den Biologieunterricht und die Signalverarbeitung im Gehirn. Die Zellen und Signalwege deines Gehirns sind die Hauptangriffsstellen des Alkohols. Er schädigt deine Nervenzellen in ihrer Struktur, wodurch sich auch die Struktur deines Gehirns verändert.[54] Das führt auch dazu, dass Alkohol vor allem die Wahrnehmung, die Stimmung und das Verhalten beeinflusst. In geringen Mengen wirkt Alkohol aufmunternd und entspannend. Die Wirkung größerer Mengen Alkohol ist hochindividuell. Es gibt Menschen, die von einer bleiernen Müdigkeit überfallen werden und nach einem kurzen Rausch einschlafen. Bei anderen Menschen führen größere Mengen Alkohol zu einer derartigen Enthemmung, dass sie mitunter gewalttätig werden, ohne sich am Folgetag daran erinnern zu können.

Darüber hinaus stellt Alkohol die häufigste Todesursache junger Menschen in Europa dar.[55]

Wie kann man nun verhindern, dass man nach der Party mit Filmriss im Bett liegt und nach dem Loch im Erdboden sucht, um darin zu versinken?

PUNKT 1: VORSORGE. Bereits vor der Party kannst du einige Vorkehrungen treffen, um nicht im Alkohol und im Kater danach zu versinken. Hierzu gehören:

- Nimm vor der Party fett- und eiweißhaltige Speisen zu dir. Sie reduzieren den Übertritt des Alkohols in den Blutkreislauf.

- Trinke pro Glas Alkohol ein Glas Nichtalkoholisches (am besten Wasser).
- Verzichte auf selbstgebraute Alkohole, die zu viel Methanol (Fuselalkohol) enthalten.
- Reduziere die Menge zuckerhaltiger alkoholischer Getränke: Likör, Longdrinks und süßer Glühwein verursachen einen schlimmen Kater.
- Nimm zwischendurch salzhaltiges Knabbergebäck zu dir, um deinen Wasserhaushalt zu regulieren. Alkohol entzieht deinem Körper Flüssigkeit.
- Setzte dir ein Limit für deinen Alkoholkonsum. Bitte ggf. Freunde darauf zu achten, wie viel du trinkst.

PUNKT 2: NACHSORGE. Nach der Party kannst du einiges tun, um die Spätfolgen in Grenzen zu halten. Da ein Kater auf mehreren Ebenen wirkt, gibt es leider kein Patentrezept, welches auf einen Schlag alle Symptome beseitigt. Folgendes hat sich bewährt[56]:

- trinke ausreichend, am besten magenschonende Getränke wie stilles Wasser oder Tee
- das berühmte Katerfrühstück (wenn es deine Übelkeit zulässt): Rollmops oder anderen geräucherten und fetten Fischen (z. B. Lachs), Vollkornbrot, Eier, Misosuppe, Essiggurken.

- frische Luft
- Vorsicht beim Sport: dein Gleichgewichtssinn und deine Reaktionsgeschwindigkeit sind während eines Katers herabgesetzt, was zu einem erhöhten Unfallrisiko (Sturzneigung) führt
- schlafen
- Pfefferminzöl auf die Stirn gerieben gegen hartnäckige Kopfschmerzen

Die typischen Veränderungen im restlichen Körper, die vom Alkohol mittlerweile hinreichend bekannt sind und von denen du ganz sicher schon etwas gehört hast (z.B. Fettleber, Bierbauch, Hautveränderungen, rote Nase, Gelbsucht) treten nicht beim einmaligen Konsum von Alkohol auf. Hier ist ein regelmäßiger und häufiger Konsum notwendig. Die Art des Alkohols ist dabei jedoch irrelevant. Auch wenn viele Menschen gern sagen: »Ich trinke keinen Alkohol, ich trinke nur Bier«, so gehören auch die leichten alkoholischen Sorten wie Bier, Wein und Sekt zum Alkohol. Ebenso wie hochprozentige Spirituosen führen sie zu kurzfristigen und langfristigen Folgen. Von den optisch beeinträchtigenden und stigmatisierenden Veränderungen (auch der Laie unterstellt dir bei diesen optischen Merkmalen einen regelmäßigen Alkoholkonsum) einmal abgesehen, haben deine Leber und dein Körper keine endlosen Leben. Die kannst du auch nicht nachkaufen wie beim Onlinegame. Reizt du dein Limit zu oft und zu lang aus, wirst du richtig ernsthaft und v.a. chronisch krank. Das Gewebe deiner Leber baut sich um; es bildet sich die sogenannte Leberzirrhose, deren Hauptursache der Alkohol ist. Falls du jetzt denkst, das sei eine so seltene Komplikation, die dich ohnehin nicht treffen wird: Pro Jahr wird bei rund 300 Personen pro 100.000 Einwohner eine Leberzirrhose neu diagnostiziert.[57]

Dabei brauchst du deine Leber, da sie eines deiner Hauptstoffwechselorgane und für deine Gerinnung mitverantwortlich ist. Diese Funktion geht unter der Leberzirrhose immer weiter zurück. Am Ende fühlt sich deine Leber an wie eine zähe Schuhsohle. Dein Alltag sieht dann folgendermaßen aus[58, 59]:

- Du kratzt dir die Haut blutig, weil nichts gegen den Juckreiz hilft, der von den nicht mehr abgebauten Giftstoffen verursacht wird.

- Dein Gehirn wird von den nicht abgebauten Giftstoffen angegriffen.

- Du leidest unter Konzentrationsstörungen, extremer Müdigkeit, Bewusstseinsstörungen, Gedächtnisausfällen und wirst deine Angehörigen nicht mehr erkennen.

- Mit der Gelbfärbung deiner Haut und Augen kannst du den Simpsons Konkurrenz machen.

- Du lagerst so viel Wasser im Bauch (sog. Aszites) ein, dass du aussiehst wie im neunten Schwangerschaftsmonat. Am Ende wird dir mehrmals wöchentlich eine Nadel durch die Bauchdecke geschoben, um das Bauchwasser literweise abzulassen, weil du sonst erstickst.

- Neben den Wassereinlagerungen im Bauch, lagerst du Wasser auch in den Beinen ein (Ödeme), wodurch jeder Schritt wehtut, sofern du überhaupt noch in einen Schuh kommst. Nicht selten drückt sich die Flüssigkeit irgendwann durch die Haut und du kannst die Flüssigkeitsperlen deine Beine runterlaufen sehen.

- Dein Bauchraum entzündet sich und schädigt so auch andere Organe.

- Deine Blutgefäße stehen derart unter Druck (sog. portale Hypertension), dass sie plötzlich reißen und zu schwallartigem, lebensbedrohlichen Erbrechen von Blut führen.

- Du hast Wahnvorstellungen und wirst aufgrund der Wahnvorstellungen dich und andere in Lebensgefahr bringen.

- Durch die Nervenschädigung hast du Lähmungserscheinungen in den Armen und Beinen, leidest unter Wadenkrämpfen und deine Beine fühlen sich an wie eingeschlafen.

- Dein Krebsrisiko steigt drastisch. Bis zu 6% der Betroffenen erkranken pro Jahr an Leberkrebs.[60]

- Die Muskulatur deines Herzens wird durch den Alkohol geschädigt, weswegen du selbst bei kleinster Bewegung Luftnot bekommst.

- Du siehst, das ist in der Tat kein anzustrebender Zustand. Je nach deiner Stoffwechselleistung musst du für die Leberzirrhose nicht einmal Unmengen Alkohol konsumieren, wenn der regelmäßige Konsum gegeben ist.[61]

Deine Lebenserwartung ist drastisch reduziert. Konsumierst du weiter Alkohol, während bereits eine Leberzirrhose nachgewiesen wurde, schrumpft deine Lebenserwartung noch einmal. In der Kombination aus bestehender Leberzirrhose und fortbestehendem Alkoholkonsum stirbt innerhalb von fünf Jahren jeder zweite Patient[62]: Die Wahrscheinlichkeit, dass du bei dieser Konstellation die nächsten fünf Jahre nicht mehr erlebst, liegt also bei 50%. Hast du dazu noch eine der o.g. Komplikationen, sinkt deine Lebenserwartung noch einmal deutlich. Hier sterben bis zu 90% der Betroffenen innerhalb von zwei Jahren, wenn bereits Bauchwasser und ein Überdruck in den Gefäßen vorliegen. Insgesamt also eine schlechte Idee um mit seinem Leben zu pokern. Denn die Leberzirrhose ist nicht heilbar.

Und nein: Die Lebertransplantation ist kein ultimativer Rettungsring. Als Alkoholiker musst du erst die Abstinenz (Null Alkohol, auch nicht in Tiramisu und Pralinen) von mindestens sechs Monaten nachweisen (Spoiler: es reicht nicht, wenn du das mündlich angibst) und dich einem psychologischen Gutachten unterziehen, um überhaupt auf der Transplantationsliste zu landen.[63, 64] Landest du auf der Transplantationsliste, wartest du durchschnittlich je nach Dringlichkeit bis zu zwei Jahre auf eine neue Leber.[65] Das kann, wenn du dir noch mal anschaust, wie hoch das Sterberisiko in 2-5 Jahren ist, ziemlich knapp werden. Vor dir stehen Menschen auf der Liste, deren Leber durch Vergiftungen, Infektionen, Erkrankungen und Erbkrankheiten kaputt gegangen ist. Zu denen gehören auch Kinder, die froh wären, eine gesunde Leber zu haben. Vielleicht hilft die Vorstellung eines kleinen Kindes, was auf die dringende Spenderleber wartet, wenn du das nächste Mal im Alkohol badest und deine Leber bewusst, selbst und vor allem freigewählt schädigst.

Solltest du bereits regelmäßig Alkohol konsumieren, möchte ich dir raten, dir Hilfe zu suchen. Dein Körper und insbesondere deine Leber, die den Alkohol abbaut, können sich relativ gut erholen, sofern der regelmäßige Alkoholkonsum frühzeitig unterbunden wird. Es bedeutet nicht ausschließlich den täglichen Konsum. Das bedeutet, auch der Alkohol am Wochenende, den du regelmäßig konsumierst, ist Ausdruck eines beginnenden Suchtverhaltens. Solltest du nicht mehr in der Lage sein, auf Alkohol zu verzichten und solltest du ein Verlangen nach dessen Wirkungen haben, steckst du bereits in einer Sucht. Auch hier solltest du dir Hilfe holen. Im Internet findest du zahlreiche Hilfsangebote. Einige zeigt auch die folgende Liste:

- www.nakos.de
- selbsthilfe@nakos.de
- BzGA Telefonnummer: 0221-892031
- Sucht und Drogen Hotline Telefonnummer: 01805-313031
- Telefonseelsorge Telefon: 0800-1110111
- Hausärzt*innen

37. ZIGARETTEN FREI VERKÄUFLICH

Ähnlich wie beim Alkoholkonsum und dem Glücksspiel regelt das Jugendschutzgesetz (JuSchG) den Zigarettenkonsum.[66] Mit deiner Volljährigkeit darfst du laut Gesetz sowohl Zigaretten kaufen als auch Zigaretten rauchen. Viele Jugendliche rauchen bereits vor dem 18. Lebensjahr, auch wenn das nicht mit dem JuSchG übereinstimmend. Für dich sind diese Altersgrenzen dann relevant, wenn sich in deinem sozialen Umfeld Personen befinden, die noch nicht volljährig sind. Hier hast du als Volljähriger die Aufsichtspflicht. Gibst du diesen Personen E-Zigaretten oder lässt du sie an deiner Zigarette ziehen, so verstößt du gegen das Jugendschutzgesetz. Der entsprechende Bußgeldkatalog ist im Internet einsehbar. Hier richten sich die

Bußgelder nach den einzelnen Bundesländern und der Art des Vergehens. Das Rauchen in der Öffentlichkeit wird beispielsweise mit einem Bußgeld von bis zu 200 Euro geahndet.

Denke daran, dass das Rauchverbot in anderen Ländern anderen Altersgrenzen unterworfen ist. So erlauben einige Bundesstaaten der USA den Erwerb und Konsum von Zigaretten erst ab 21 Jahren.[67] Beim nächsten Urlaubstrip also erst erkundigen, bevor du dir zur Entspannung am Strand eine Zigarette anzündest. Außer du willst in die U.S. Army eintreten: Soldaten dürfen auch in Kalifornien ab 18 Jahren rauchen.[68]

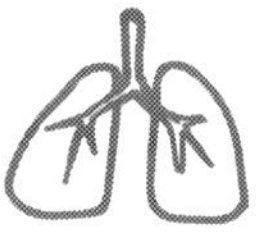

Doch warum ist die Zigarette eigentlich so schädlich. Vielleicht ist dir schon einmal aufgefallen, wie schwer es dir fällt, mit dem Rauchen aufzuhören. Häufig wird man damit konfrontiert, auch ohne Entzug, wenn man sich in Räumen aufhält, in denen das Rauchen verboten ist. Selbst für Jugendliche und junge Erwachsene ist es schwer auszuhalten, ein oder zwei Stunden auf die Zigarette zu verzichten. Das zeigt, dass die körperliche Abhängigkeit von Zigaretten nicht erst im Alter einsetzt. Jugend schützt nicht vor Abhängigkeit. Egal in welchem Alter du mit dem Nikotinkonsum beginnst, reagiert dein Körper mit einer Abhängigkeit. Verantwortlich dafür ist das in der Zigarette vorhandene Nikotin, welches die Stoffwechselprozesse deines Gehirns verändert. Beim Konsum einer Zigarette kommt es unter dem Einfluss des Nikotins dazu, dass in deinem Gehirn der Botenstoff Dopamin ausgeschüttet wird.[69] Dopamin ist für verschiedene Prozesse verantwortlich und führt vor allem auf psychischer Ebene zum Empfinden von Glück und Lust sowie zu einer Leistungssteigerung. Gleichzeitig kommt es unter dem Zigarettenkonsum zu einer Reduktion deines Appetits. Zudem ist das Rauchen häufig aber auch mit einer Zunahme des Körpergewichts verbunden.

Zigaretten schaden deiner Gesundheit nachhaltig. Je nach Geschlecht, erhöht sich beim Konsum einer einzigen (!) Zigarette pro Tag das Risiko einer Herzerkrankung um 50-60%.[70] Daneben verändern sich deine Lunge (Teerlunge heißt nicht umsonst Teerlunge) und Gefäße. In deinem Alter klingt das vielleicht alles nach Erkrankungen des Rentenalters. Aber dein heutiges Verhalten entscheidet über deine Gesundheit in 20 bis 30 Jahren. Veränderungen durch Nikotinkonsum sind nicht mehr umkehrbar. Selbst, wenn du irgendwann auf Zigaretten verzichtest. Dein Risiko für ernsthafte und lebensreduzierende bzw. einschränkende Erkrankungen (Krebs, Schlaganfall, Herzinfarkt, Beinverlust) bleibt immer erhöht.

38. KINOFILME OHNE ALTERSBESCHRÄNKUNG

Mit der Vollendung des 18. Lebensjahres fällt die letzte Bastion der verbotenen Kinofilme. Nachdem du die Altersbeschränkungen für Kinofilme ab 6, 12 und 16 Jahren bereits hinter dich gebracht und das Spektrum an erlaubten sich mehr und mehr erweiterte, stehen deinem Kinogenuss nun keine Beschränkungen mehr im Weg. Wusstest du eigentlich, dass du jetzt auch alle Kinofilme sehen kannst, die nach 24 Uhr im Kino laufen? Bisher war das nur im Beisein einer sorgeberechtigten oder erziehungsbeauftragten volljährigen Person möglich.[71]

Natürlich kann man Filme auch über Netflix und Co. streamen und wen interessieren da schon Altersfreigaben. In der Regel verlangen jedoch auch seriöse Streamingportale einen Altersnachweis. Insbesondere, da die Geldbußen bei Verstößen im vierstelligen Bereich liegen. Vor diesem Hintergrund ist der freie Zugang zu Filmen deiner Wahl in der Tat ein großer Schritt. Auch, da du jetzt selbst dafür verantwortlich bist, dafür zu sorgen, was du dir anschaust. Da ist die Angst vor den knarrenden Treppen oder der Waschmaschine im Keller nur das kleinere Übel, was wieder verschwindet. Bedenken solltest du, dass sich dein Filmkonsum auf deine psychische Gesundheit, deine Wertvorstellungen und dein Verhalten auswirken kann. Was soll mir schon passieren, wirst du dir sagen. Es passiert aber eine ganze Menge mit dir, vor allem mit deinem Gehirn. Schaust du dir beispielsweise einen Horrorfilm an, so werden ganz unterschiedliche Hirnbereiche aktiviert. So reagiert der Bereich deines Gehirns im Schläfenbereich (Temporallappen) und der Bereich am Hinterkopf (primär visueller Cortex im Okzipitallappen) ebenso wie das sogenannte Wernicke-Areal (Temporal- und Parietallappen), die Amygdala und der Hirnstamm.[72]

Zusammen mit deiner Einstellung gegenüber Horrorfilmen und deine Fähigkeit, sie vom realen Leben abgrenzen zu können, wirst du unterschiedlich stark reagieren. Fehlt die Abgrenzung zwischen Film und Realität, kannst du im Alltag reagieren und agieren als würdest du den Horrorfilm real erleben. Im schlimmsten Fall wirst du aggressiv gegen deine Mitmenschen, weil du die Grenze zwischen Realität und Fiktion nicht mehr erkennst.

Solltest du Veränderungen an deinem Verhalten bemerken oder weist dich dein Umfeld darauf hin, solltest du deinen Filmkonsum überdenken und dir gegebenenfalls Hilfe holen.

39. ZOCKEN OHNE GRENZEN

In den vorangegangenen Kapiteln hast du bereits erfahren das Glücksspiel und die Lotterie für dich mit deiner Volljährigkeit nun uneingeschränkt möglich ist. Dazu gehört auch das Zocken ohne Grenzen. In der Literatur findet sich keine einheitliche Definition dessen, was mit Zocken gemeint ist. Zocken umfasst alle Glücks- und Onlinespiele. Allen voran natürlich die Automaten und Spieltische des Spielcasinos oder die verschiedenen Online-Spiele (z. B. Online-Poker). Dabei ist das nur ein kleiner Teil an Glücksspielen. Jede Form von Spiel mit materiellen und/ oder finanziellen Wetteinsätzen kann als Glücksspiel bezeichnet werden und dem Zocken dienen. In der Praxis gibt es neben den rechtlich legalen Glücksspielen auch zahlreiche illegale Formen des Glücksspiels. Hierzu gehören beispielsweise Wetteinsätze auf Hunde- oder Hahnenkämpfe oder unzulässige Martial Arts Hinterhofkämpfe.

Jetzt magst du dich fragen, was das mit deiner Volljährigkeit zu tun hat. Zumal die meisten von uns vermutlich nie mit illegalen Glücksspielen in Kontakt kommen. Der Punkt ist: Durch deine Volljährigkeit trägst du nun die Verantwortung dafür, dich für oder gegen legale und illegale Glücksspiele zu entscheiden. Dabei trägst du zum einen die Verantwortung für den Verlust deiner Wetteinsätze und den damit verbundenen Konsequenzen. Bei der klassischen Spielsucht kann das relativ schnell dazu führen, dass du deinen materiellen Besitz ebenso verlierst wie dein soziales Umfeld und deinen Beruf.[73] Vor allem wenn dich der Geldmangel bedingt durch die Glücksspielsucht dazu bringt, Freunde und Bekannte um Geld zu bitten oder dieses von Ihnen zu entwenden. Gerade wenn einem die Schulden über den Kopf wachsen kann man scharf an der Grenze der Illegalität und Kriminalität entlang schlittern. Zweifelsohne sind die wenigsten verschuldeten Menschen kriminell. In dem Moment wo dir das Wasser bis zum Hals steht und Gläubiger ihr Geld von dir zurückfordern, können solche Gedanken jedoch recht aufdringlich werden. Insbesondere dann, wenn die Gläubiger selbst aus kriminellen Bereichen kommen, weil Freunde, Verwandte und Hausbanken dir kein Geld für deine Glücksspielsucht zur Verfügung gestellt haben. Hier siehst du, dass die Probleme, die aus einem grenzenlosen Zocken resultieren können, nicht nur dich selbst sondern dein gesamtes Umfeld betreffen und dich sowie Freunde und Familie durchaus in Gefahr bringen können.

Die andere Verantwortung liegt darin, dass du dich – wenn du schon das Glücksspiel wählst – für eine legale Form des Zockens entscheidest. Nicht immer ist es klar ersichtlich, wo die Grenze zwischen Legalität und Illegalität liegt. Das Internet gibt dir Auskunft darüber, welche Glücksspielaktivitäten in Deutschland legal und welche illegal sind.

Parallel zum Alkoholkonsum gilt auch für das Zocken im Ausland die Warnung, sich vorher über die rechtlichen Bestimmungen im Reiseland zu informieren. Insbesondere da die Strafen im Ausland häufig deutlich von den Strafen in Deutschland abweichen können. Hier kann der Ausflug in die Zockerwelt weitreichende Konsequenzen nach sich ziehen, von denen du im schlimmsten Fall deinen Urlaub im Gefängnis verbringst.

Für viele Menschen ist Zocken eine willkommene Abwechslung zum stressigen Alltag in Schule, Beruf und Familie. Es geht nicht darum das Zocken als solches zu verteufeln. Wichtig ist nur, die Grenzen und Gefahren zu kennen. Und stets im Hinterkopf zu behalten, dass du mit deiner Volljährigkeit für deine Taten nun selbst verantwortlich bist. Denkst du an diese Aspekte und verlierst dabei nicht deine Finanzlage aus den Augen, spricht nichts dagegen allein oder mit Freunden Zockerabende zu verbringen und Spaß zu haben. Ob Zocken sich positiv oder negativ auswirkt, kommt immer auf die Mischung aus Zocken und Alltagsgestaltung an.[74, 75]

Spoiler: Onlinespiele können auch deine Motorik, Koordination, Kreativität und Motivation steigern, was sich positiv auf den Beruf auswirken kann.[76, 77]

40. HEIRAT UND SCHEIDUNG

Auch wenn das Durchschnittsalter für Hochzeiten in Deutschland bei rund 32 Jahren liegt und sich in diesem Bereich seit etwa 15 Jahren konstant hält[78], darfst du heiraten, sobald du volljährig bist. Eine Hochzeit mit 18 Jahren kommt durchaus vor. Gerade Paare, die sich schon seit ihrer Jugend kennen, heiraten mit der Volljährigkeit oder bis zum 20. Lebensjahr. Eine Garantie für die Dauer deiner Ehe gibt dir das Alter bei der Hochzeit jedoch nicht. Die Ehe kann scheitern, egal ob du mit 18 oder mit 85 Jahren heiratest. Wobei natürlich das Risiko einer gescheiterten Ehe im hohen Alter geringer ist. Insbesondere dann, wenn es wahrscheinlicher ist, zu sterben, bevor es zur Scheidung kommt.

Zusammen mit der Hochzeit kannst du dich natürlich auch wieder scheiden lassen. Die Scheidungsquote in Deutschland lag in den vergangenen Jahren bei rund 33%. Dabei lassen sich die Menschen im Durchschnitt etwa nach 15 Ehejahren scheiden.[79] Ein weiterer Großteil der Scheidungen erfolgt nach 25 Jahren Ehe. Verglichen mit den zurückliegenden Jahrzehnten kommt es zu einer Verschiebung der Scheidungsraten, die jetzt eher bei längeren Ehen zu finden sind. Ursachen für diese Verschiebung gibt es viele. Da Ehe und Scheidung immer hochindividuell sind, kann man jedoch keine allgemeingültigen Gründe für ein Scheitern der Ehe und eine Scheidung ableiten. Es ist auch nicht möglich bereits vor der Ehe eine Aussage darüber zu treffen, ob und wie lange man verheiratet sein wird. Ehen scheitern sowohl bei Paaren, die für Außenstehende völlig verschieden sind ebenso wie bei Paaren denen jeder eine harmonische Beziehung unterstellen würde.

Daran siehst du, dass die Garantie einer funktionierenden und glücklichen Ehe sich ähnlich verhält wie der Verlauf einer Beziehung. Denn bis auf das rechtliche Dokument der Ehe, stellt auch die Ehe nichts anderes dar als eine Beziehung. In dieser treffen zwei Menschen aufeinander, die sich für einen gemeinsamen Weg entschieden haben. Damit dieser Weg gelingt, sind eine gute Kommunikation und das Erarbeiten einer gemeinsamen Kommunikationsstruktur von Anfang an sehr wichtig. Vor allem, wenn die rosarote Brille der Verliebtheit wegfällt, wird deutlich, wie wichtig das Miteinanderreden und das Kennenlernen des Anderen in alltäglichen und auch herausfordernden Situation ist. Hinzu kommt, dass man sich davor hüten sollte, die Partnerin/ den Partner erziehen und umerziehen zu wollen. Solche Ideen scheitern in Ehen ebenso wie in Beziehungen. Spoiler: Gibt es Aspekte, die dich an deiner Partnerin/ deinem Partner massiv stören, solltest du das klärende Gespräche suchen und für dich entscheiden ob du mit diesen Aspekten leben kannst und auch leben möchtest. Du kannst von deiner Partnerin/ deinem Partner nicht erwarten bzw. nicht voraussetzen, dass er sein Verhalten ändert. Auch wenn es natürlich in einer Beziehung und Ehe darum geht an sich selbst zu arbeiten und gemeinsame Wege zu finden. Man bleibt immer noch ein Individuum mit eigenen Bedürfnissen und Macken. Dessen sollte man sich auch bewusst sein, wenn im Zusammenleben die Marotten des anderen plötzlich als zunehmend störend empfunden werden. Denn nicht nur der andere hat Marotten, sondern auch man selbst. Reagiert man plötzlich empfindlicher auf das Verhalten des anderen (gewalttätige Auseinandersetzungen ausgenommen) ist es neben der Kommunikation mit der Partnerin/ dem Partner auch wichtig die eigene Person zu reflektieren.

Mit der Begegnung zweier erwachsener Personen in der Ehe, treffen aus psychologischer Sicht auch immer zwei Personen mit kindlichen unerfüllten Bedürfnissen aufeinander.[80] Schnell spiegeln sich unerfüllte Bedürfnisse der Kindheit und des jungen Erwachsenenalters in Ansprüchen an die Partnerin/ den Partner. Diese können Partner*innen jedoch nicht erfüllen. Ähnlich wie Kinder sind auch unsere Partner*innen nicht die Wunscherfüller unserer Bedürfnisse. Für die Befriedigung deiner Bedürfnisse bist primär du selbst verantwortlich. Das bedeutet auch, dass du dich mit deinen inneren seelischen Prozessen auseinandersetzt, deine Bedürfnisse anschaust, und Wege findest, diese im Rahmen deiner Möglichkeiten zu erfüllen. Natürlich wirst du das nicht automatisch mit der Volljährigkeit schaffen. Sich mit den eigenen verletzten und unerfüllten Bedürfnissen auseinanderzusetzen ist ein Prozess, der dich dein ganzes Leben begleiten wird. Du musst auch nicht plötzlich mit der Volljährigkeit regelmäßig Zeit investieren, um deine Bedürfnisse aufzuarbeiten. Vielmehr solltest du im Hinterkopf behalten, dass solche unbewusst in dir weiterlaufenden Bedürfnisse einen starken Einfluss auf deine Beziehungen und deine mögliche Ehe nehmen. Mit diesem Wissen wird es einfacher, Beziehungs- und Eheprobleme verstehen und zusammen mit deiner Partnerin/ deinem Partner beheben zu können. Sollte natürlich ein Aufarbeiten und eine Lösungsfindung mit den Partner*innen nicht möglich sein, ist eine Beendigung der Beziehung ebenso wie eine Beendigung der Ehe möglich. In Deutschland verläuft eine Scheidung nach bestimmten Regeln.[81] Hier hilft dir im entsprechenden Fall ein Anwalt weiter, um allen Fallstricke aus dem Weg gehen zu können.

41. DAS WAHLRECHT

In Deutschland unterscheidet man zwischen dem aktiven und passiven Wahlrecht. Mit der Volljährigkeit bist du in Deutschland aktiv wahlberechtigt, d.h. du darfst wählen gehen und deine Stimme für eine zur Wahl gestellte Partei oder eine Person abgeben. Vorausgesetzt, dass du für mindestens drei Monate am Stück in Deutschland gelebt hast. Das passive Wahlrecht definiert, dass du dich selbst zur Wahl aufstellen lassen kannst. Die Klausel des Aufenthalts in Deutschland entfällt für das passive Wahlrecht, sofern du die deutsche Staatsbürgerschaft besitzt.[82] Dein Wahlrecht kann dir jedoch auch entzogen werden, z. B. wenn ...

- du einen gesetzlichen Betreuer (Totalbetreuer) hast,
- du eine mindestens einjährige Freiheitsstrafe absitzt,
- wenn du in Zusammenhang mit einer Freiheitsstrafe in der Psychiatrie untergebracht bist (rechtswidrige strafbare Handlung bei Schuldunfähigkeit) oder
- du für eine politische Straftat oder Gefährdung der äußeren Sicherheit verurteilt wurdest.[83, 84]

42. SELBST ZUR WAHL ANTRETEN – DAS EIGENE MITSPRACHERECHT NUTZEN

Neben der Möglichkeit wählen zu gehen (und von diesem Recht solltest du als verantwortlicher junger Erwachsener immer Gebrauch machen), kannst du dich mit Erreichen der Volljährigkeit auch zur Wahl aufstellen lassen. Vermutlich denkst du gerade an große politische Ämter. Dabei bedeutet das passive Wahlrecht, dass du dich auch an allen anderen außerpolitischen Wahlen als Kandidat melden kannst. Sei es im Sportverein oder im Betriebsrat. Möchtest du etwas verändern und dein Mitspracherecht nutzen, lohnt es sich, dich als Kandidat aufstellen zu lassen. Gut ist es, wenn du die Gepflogenheiten deiner Wahlstätte kennst: Eine Wahl ist ein ernsthafter Prozess, egal ob politisch oder unpolitisch. Du solltest daraus kein Just-for-Fun-Ereignis machen.

43. PROZESSFÄHIGKEIT: GESTATTEN, IHR ANWALT

Auch als junger Erwachsener kann man sich in einem Zivilprozess wiederfinden. Entweder auf der Anklagebank oder auf der Klägerseite. Mit deiner Volljährigkeit bist du nun prozessfähig. Das bedeutet, dass du einen Zivilprozess führen oder dafür einen Vertreter (i.d.R. einen Anwalt) beauftragen kannst (§§ 51 ff. ZPO).[85]

44. DER WERT DER EIGENEN UNTERSCHRIFT: ZEUGNISUNTERSCHRIFTEN & ENTSCHULDIGUNGEN IN DEINEN HÄNDEN

Mit deiner Volljährigkeit wird deine Unterschrift rechtskräftig. Das bedeutet, dass du alle Zeugnisse, Entschuldigungen und Verträge jetzt selbst unterschreiben darfst. Das gilt auch, wenn du noch zur Schule gehst. Dabei solltest du mit deiner Unterschrift verantwortlich umgehen. Denn unterschreiben zu dürfen heißt auch, für die Unterschrift verantwortlich zu sein. Unterschreibst du einen Vertrag, ist dieser ab jetzt rechtsbindend gültig. Du kannst dich in diesem Fall nicht auf Unwissen berufen oder die Verantwortung an deine Eltern abgeben. Gleiches gilt für Entschuldigungen, die du dir nun selbst schreiben kannst. Groß ist die Verführung, so die mitunter unliebsame langweilige Schulzeit abzukürzen. Allerdings können sich Fehlzeiten negativ auf deinen Abschluss auswirken. Befindest du dich in einer Berufsausbildung, können zu viele Entschuldigungen dazu führen, dass du deinen Ausbildungsplatz verlierst. Etwas unterschreiben zu können, entbindet dich also nicht von der Pflicht mit deiner Unterschrift sorgsam umzugehen.

45. ALTERSVORSORGE WIRD ÜBERBEWERTET, ODER?

Sicher fragst du dich gerade, warum du dich als gerade Volljährige*r mit der Altersvorsorge befassen solltest. Die Antwort lautet: Je zeitiger du damit beginnst, umso besser ist deine spätere Altersvorsorge und je kleiner sind die Beträge mit denen du startest. Beginnst du mit der Altersvorsorge erst in 20 Jahren, musst du sehr hohe monatliche Beiträge zahlen, um eine gute Altersvorsorge generieren zu können. Das ist bei den aktuellen Lohnverhältnissen (Spoiler: Auch ein Studium garantiert keinen Top-Verdienst) mitunter nicht zu bewerkstelligen. Auf die gesetzliche Rente kannst du dich jedoch nicht verlassen. Möchtest du also im Alter finanziell versorgt sein, ist es ratsam, sich frühzeitig mit der Altersvorsorge zu befassen. Dazu gehört auch zu klären, welche betriebliche Altersvorsorge du hast. Diese Dokumente musst du bis zu deinem Rentenalter aufbewahren.

Es gibt verschiedene Möglichkeiten der privaten Altersvorsorge als Ergänzung zur gesetzlichen Altersvorsorge. Hier helfen z. B. Bankberater oder die Deutsche Rentenversicherung.

Ähnliches gilt für Bausparverträge. Fängst du mit kleinen Beträgen frühzeitig an (Arbeitgeber*innen beteiligen sich häufig mit den vermögenswirksamen Leistungen anteilig am Bausparen), kannst du relativ früh Wünsche wie ein Eigenheim verwirklichen.

46. VORSORGE FÜR DEN NOTFALL

Auch wenn du mit der Volljährigkeit vor Energie strotzt, können Notfälle schneller eintreten als man A sagen kann. Und dabei muss es sich nicht immer um schwerwiegende Notfälle handeln. Auch das häufig gebrochene Handgelenk beim Sturz mit dem Fahrrad, was zu einem ungeplanten Krankenhausaufenthalt führt, kann plötzlich zum Notfall werden:

- Wer bringt dir Sachen ins Krankenhaus?
- Wer kennt deinen Hausarzt, deine Allergien, deine Vorerkrankungen, wenn du nicht mehr ansprechbar bist?

- Wer versorgt deine Haustiere?
- Wer informiert deine*n Chef*in?
- Wer zahlt die fällige Rechnung?
- Wer kann Geld von deinem Konto abheben?

In den meisten Fällen übernehmen das die Eltern. Wo diese Möglichkeit nicht besteht, solltest du vorbereitet sein:

- Deponiere eine Kopie wichtiger Dokumente in deiner Wohnung oder bei Freund*innen.
- Stecke eine Karte in dein Portemonnaie, wer im Notfall benachrichtigt werden soll.
- Notiere auf einer Karte in deinem Portemonnaie, dass Haustiere zu versorgen sind.
- Packe wichtige Sachen für einen Klinikaufenthalt in eine Tasche, den deine Freund*innen auch finden, wenn deine Wohnung im Chaos versinkt: Was hier so nach Oma-Maßnahme klingt, hütet dich davor, dass fremde Leute in deiner Unterwäsche und deinem Kleiderschrank wühlen.
- Informiere deine Freund*innen darüber, wo Dokumente und Kliniktasche liegen.

Verabschiede dich von dem Gedanken, deine Wohnung müsste erst aufgeräumt sein, bevor sie jemand betreten kann. Das wäre vielleicht wünschenswert, aber im Notfall spielt es keine Rolle.

47. EIN HOCH AUF DIE TESTIERFÄHIGKEIT – WILLKOMMEN TESTAMENT

Volljährigkeit bedeutet auch, dass du ab jetzt die vollständige Testierfähigkeit erlangt hast. Während Testamente, die du bereits mit 16 Jahren verfassen durftest, der Zustimmung des gesetzlichen Vertreters voraussetzten, ist mit der Volljährigkeit kein gesetzlicher Vertreter mehr dafür notwendig (§ 2229 BGB). Daneben kannst du im Gegensatz zum Testament Minderjähriger jetzt auch alle Testamentsformen nutzen (§ 2247 BGB). Hierzu gehören u.a. das eigenhändige, das öffentliche und das gemeinschaftliche Testament.[86]

48. ERBEN UND VERERBEN

Da niemand vor Unfällen und Todesfällen geschützt ist, ist das Thema Erben und Vererben auch für junge Erwachsene wichtig. Erben und Vererben geschieht nicht zwischen Tür und Angel, sondern ist strengen Gesetzen und Regelungen unterworfen. Werden diese missachtet, verliert das Erbe seine Gültigkeit. Hast du das 18. Lebensjahr vollendet, kannst du erben und über dein Erbe allein verfügen bzw. eine Erbschaft ablehnen. Im Erbrecht sind die Rechte und Pflichten der Erben geregelt. Das wird vor allem dann relevant, wenn mit dem Erbe Schulden verbunden sind. Denn ein Erbe bedeutet nicht automatisch einen Gewinn für den Erbenden. Möchtest du ein Erbe ablehnen (ausschlagen), musst du dich an die vorgeschriebene Ausschlagungsfrist (6 Wochen) halten (§ 1944 Abs. 1 BGB) und an die korrekte Form (§ 1945 Abs. 1 BGB) halten. Hier empfiehlt sich, eine*n Anwält*in zu beauftragen, um nichts falsch zu machen.[87]

Möchtest du dein Erbe regeln, geschieht das über ein Testament. Liegt kein Testament vor, verteilt sich dein Erbe über die gesetzliche Erbfolge an Verwandte mit gemeinsamen Vorfahren (z. B. Eltern, leibliche Geschwister, Großeltern, Urgroßeltern, Ehepartner*in).[88] In diesem Fall ausgeschlossen wären Verwandte wie z. B. Stiefgeschwister, Stiefeltern, Schwiegermutter. Möchtest du, dass jemand Bestimmtes z. B. deine Tagebücher oder Sammlungen erbt, kannst du das nur über ein Testament regeln.

49. BLUT SPENDEN – LEBEN RETTEN

Mit der Vollendung des 18. Lebensjahres hast du die Möglichkeit zur Blutspende in Deutschland. Blutspender bedeutet dabei, dass dir eine bestimmte Menge Blut entnommen wird. Dieses Blut wird medizinisch aufbereitet und kann zur Behandlung schwerkranker Patienten genutzt werden. Blutkonserven werden für zahlreiche Erkrankungen und Unfälle verwendet. Allein in Deutschland liegt der tägliche Bedarf an Blutkonserven bei 14.000.[89] Vor allem Patienten mit Unfällen und hohem Blutverlust benötigen Blutspenden zum Überleben. Auch wenn in der Medizin Alternativen zum Auffüllen des Blutverlustes vorhanden sind, können die physikalischen und physiologischen Eigenschaften des Blutes nur begrenzt durch solche Produkte aufgefangen werden. Blut kann nicht künstlich erzeugt werden. Das heißt: ab einer bestimmten Menge an Blutverlust ist es unmöglich, die Zirkulation und die biologischen Vorgänge im Körper aufrechtzuerhalten, wenn der Patient keine Blutkonserve erhält.

Ähnlich verhält es sich bei Erkrankungen von Menschen, die eine gestörte Blutbildung haben (z. B. Personen mit Krebserkrankungen, chronische Erkrankungen), die durch eine gestörte Blutgerinnung in hohem Maße Blut verlieren oder die aufgrund großer Operationen Blutkonserven benötigen. Auch hier kann Gabe von Nichtblutpräparaten (z. B. Kochsalzlösung, kolloidale Lösung) nur in begrenztem Umfang dazu beitragen, den Kreislauf des Patienten aufrechtzuerhalten.

Wie du siehst ist Blut mehr als nur ein bisschen Flüssigkeit, die in deinem Körper zirkuliert. Sicher hast du im Biologieunterricht bereits die zahlreichen Funktionen und Bestandteile des Blutes kennengelernt und weißt, wie wichtig Blut für das menschliche Leben ist. Viele Menschen haben Angst, dass Ihnen bei der Blutspende zu viel Blut entnommen wird und sie sich dann in Lebensgefahr befinden. Dazu musst du wissen, dass dein gesunder Körper Blut und Blutbestandteile nachproduziert. Bei einer Frau mit einem Durchschnittsgewicht von 65 kg und einer Größe von 170 cm, liegt das Blutvolumen bei rund 4 Litern.[90] Auch wenn der maximal tolerierbare Blutverlust von verschiedenen Faktoren abhängt, kann ein Mensch im Durchschnitt einen Blutverlust von bis zu 1,5 Litern kompensieren.[91] Hier reguliert sich das Blutvolumen wieder von allein. Zum Vergleich:

Bei einer normalen Geburt verliert die Frau mehr als 500 ml Blut, bei einem Kaiserschnitt mehr als 1 Liter.[92]

Bei der Blutspende werden dir etwa 450 ml Blut entnommen.[93] Damit läufst du also in einer Blutspende nicht die Gefahr so viel Blut zu verlieren, dass es für dich selbst gefährlich wird.

Hast du für dich jetzt entschieden zur Blutspende zu gehen, hast du verschiedene Möglichkeiten des Spendens. Hier ist es sinnvoll regional im Internet zu schauen, wo in deiner Region Blutspenden möglich sind. In der Regel erhältst du beim Blutspenden kein Geld. Du bekommst allerdings Getränke und Essen, vor allem um deinem Kreislauf hinterher zu unterstützen. Es gibt jedoch Institutionen, die einen geringen Betrag für die Blutspende auszahlen. In der Regel liegt der bei etwa 5 bis 10 Euro. Du wirst mit dem Blutspenden nicht reich, wenn du dir jetzt überlegst daraus ein Business zu machen. Wenn du dich nun für die Blutspende entschieden und eine entsprechende Einrichtung gefunden hast, finden ein Vorgespräch sowie eine Untersuchung statt. Hier muss geklärt werden, ob Ausschlusskriterien bestehen, aufgrund derer du nicht für die Blutspende zugelassen werden kannst.[94]

Ausschlusskriterien für eine Blutspende sind beispielsweise ein Körpergewicht von unter 50 kg, die Einnahme bestimmter (z. B. Antibiotika, Medikamente gegen Viren und Pilze) das Vorhandensein einer akuten und chronischen Erkrankungen(z. B. Typ 1 Diabetes mit einer Insulintherapie, Autoimmunerkrankungen, Tumorerkrankungen, Infektionen und Entzündungen). Innerhalb dieser Ausschlusskriterien gibt es Kriterien, die nur für eine bestimmte Zeit das Blutspenden unmöglich machen. Hierzu gehören beispielsweise frische Tätowierungen, frische Piercings, operative und zahnärztliche Eingriffe. Wie lang die Wartezeiten zwischen Eingriff und Blutspende ist, entscheidet der zuständige Arzt des Blutspendedienstes. Da verschiedene Kriterien zusammenfallen können, kann keine pauschale Angabe darüber gemacht werden, ab wann die Blutspende bei dir möglich wäre. Ein weiterer Punkt, der zum Ausschlusskriterium der Blutspende werden kann, ist dein Sexualverhalten. Handelt es sich bei deinen Beziehungen um gleichgeschlechtliche Beziehungen zwischen zwei Männern inklusive Sexualverkehr, so darfst du erst dann Blutspenden, wenn dein letzter Sexualverkehr mindestens zwölf Monate zurückliegt. Die aktuelle Empfehlung der zwölfmonatigen Karenzpflicht entstammt einer Überarbeitung der Hämotherapie-Richtlinien, die unter Mitwirkung des Robert-Koch-Instituts (RKI) im November 2017 in Kraft traten. Diese Einschränkung geht davon aus, dass Personen mit solchem Sexualverhalten ein deutlich erhöhtes Übertragungsrisiko für schwere Infektionskrankheiten haben, die bei einer Blutspende übertragen werden könnten. Eine Diskussion darüber, warum diese Maßnahmen in Deutschland gelten, wird seit vielen Jahrzehnten geführt. Bis zur Aktualisierung der Hämotherapie-Richtlinien war es beispielsweise für homosexuelle Männer unmöglich zur Blutspende zu gehen.

Bei der Blutspende selbst nimmst du in einem bequemen Stuhl bzw. Liegestuhl Platz. Ähnlich einer Blutentnahme beim Arzt, nur mit einer etwas dickeren Nadel, wird dir das Blut in der Regel aus der Armbeuge entnommen. Während der Prozedur wirst du sowohl durch einen Monitor als auch durch anwesendes Personal überwacht. Das medizinische Personal sorgt dafür, dass du während der gesamten Prozedur sicher bist. Das gilt insbesondere für Erstspender*innen, die gern vergessen ausreichend zu trinken und dadurch nach der Blutspende leichte Kreislaufprobleme spüren können. Diese machen sich beispielsweise durch wackelige Beine oder Schwindel bemerkbar. Sie verschwinden vollständig, sobald du nach der Blutspende etwas isst und trinkst. Nach einer kurzen Ruhezeit hat sich dein Kreislauf erholt und du kannst ohne Probleme nach Hause gehen.

50. ORGANSPENDE – DEINE WAHL

Organspende rettet Leben, den Spruch hast du sicher schon einmal gehört. Obwohl er so profan klingt und man vielleicht gelangweilt ist, wenn wieder jemand mit dem Thema »Organspende« anfängt: Organspende ist wichtig. Und ob der viel zu großen Diskrepanz zwischen gespendeten Organen und Menschen, die auf ein Organ warten, kann man ihn nicht oft genug sagen. Trotz unseres guten Gesundheitssystems zählt Deutschland zu den Schlusslichtern bei der Organspende. Während es in Deutschland 11,2 Organspenden pro 100.000 Einwohner gibt, sind es in Spanien 48,9 Organspenden.[95] Insgesamt warten 9.000 Menschen auf ein oder mehrere Spenderorgane, sie stehen auf der sogenannten Warteliste. Pro Jahr kommen bis zu 5.000 neue Menschen auf die Warteliste. Ein Großteil von ihnen stirbt, bevor es ein Spenderorgan gibt. Auch wenn die Lebenserwartung mit einem Spenderorgan gegenüber gesunden Menschen verkürzt und an die tägliche Einnahme von Medikamenten gekoppelt ist, leben sie. Vor allem für Kinder und jungen Menschen sind fünf Jahre mehr Lebenszeit enorm viel und wertvoll. Aus diesem Grund sollte jeder Erwachsene, zu denen du jetzt gehörst, sich mit dem Thema Organspende auseinandersetzen und sich verantwortungsvoll entscheiden. Denn auch du kannst plötzlich schwer erkranken und ein Spenderorgan benötigen.

Damit auch deine Angehörigen über deine Entscheidung Bescheid wissen, ist es sinnvoll, einen Organspendeausweis (kostenlos zu bestellen unter: https://www.organspende-info.de/organspendeausweis-download-und-bestellen.html) bei sich zu tragen und die Angehörigen zu informieren.

Die Mythen (gern von älteren Menschen oder Verschwörungstheoretikern in den Ring geworfen) über die Organmafia, die nach Menschen mit Spenderausweisen sucht, und das Behandlungen einfach eingestellt werden, sind Märchen, die aus einer unzureichenden Aufklärung resultieren. Niemand dreht einfach Maschinen ab, um an Organe zu kommen. Ebenso gibt es fest definierte Abläufe, Untersuchungen und Richtlinien, um den Tod eines Menschen festzustellen und dessen Organe für eine Spende freizugeben. Hieran sind viele Menschen beteiligt, um Missbrauch zu verhindern. Halten dich solche Mythen von der Organspende ab, setze dich mit dem Thema auseinander und sprich mit unparteiischen Experten. Umfangreiche Sachinformationen findest du z.B. unter www.organspende-info.de.

Deine Entscheidung rettet Leben. Natürlich darfst du dich auch dagegen entscheiden oder deine Entscheidung später korrigieren.

AUCH LEBENSSCHIFFE MÜSSEN GEWARTET WERDEN

50 DINGE, DIE DU LASSEN SOLLTEST

Zu all den Freiheiten, die man als Volljähriger endlich tun kann, gesellen sich viele Pflichten, die man nun auch tun muss. Gefolgt von den Sachen, die ratsam sind, um am Ende auf ein gelungenes, zufriedenstellendes und glückliches Leben zurückblicken zu können.

In diesem Kapitel findest du 50 Dinge, die du künftig beachten solltest. Vor allem, weil sie durchaus Probleme verursachen können, die dein Leben kurz- oder langfristig erschweren.

Jeder Mensch sieht sich im Lauf seines Lebens mit unterschiedlichsten Problemen konfrontiert und natürlich kann man nicht allen aus dem Weg gehen. Manche passieren ohne dein Zutun. Andere passieren, weil dir die Erfahrung fehlte. Manche Fehler muss man auch einfach selbst machen, um daraus zu lernen. Wichtig ist es, aus Fehlern und Problemen die richtigen Schlüsse zu ziehen, um sie beim nächsten Mal zu vermeiden. Zudem treten Fehler und Probleme häufig auch dann auf, je mehr wir versuchen, sie zu vermeiden. Hier bist du gut beraten, trotz der jetzt auf dich zukommenden Pflichten dein Leben in den Grenzen von Recht und Gesetz in vollen Zügen zu genießen.

Vergleichbar mit deinen ersten Geh- und Stehversuchen. Die umgefallenen Vasen, Regale und Stühle verbunden mit deinen blauen Flecken und aufgeschürften Knien haben deinen Eltern vermutlich schlaflose Nächte und eine Menge grauer Haare beschwert. Aber ohne hinfallen und Blessuren hättest du nicht gelernt zu laufen und nie die Möglichkeit gehabt, die Welt um dich herum zu entdecken. Diese symbolischen Gehversuche begleiten uns unser ganzes Leben. Ab jetzt wirst du in Fettnäpfchen treten und an manchen Tagen und in manchen Phasen deines Lebens denken, die Katastrophen nehmen kein Ende. Doch egal wie groß und wie zahlreich die Fettnäpfchen sind, es gibt immer ein Licht am Ende des Tunnels. Und rückblickend bieten Fettnäpfchen eine Menge Gesprächsstoff auf der nächsten Party. Selbst große Problem, ob verschuldet oder unverschuldet, sind irgendwann nur noch Anekdoten.

Welche Anekdoten du sammelst, liegt bei dir. Und ein Stück weit lassen sich Fettnäpfchen vermeiden, wenn du weißt, was auf dich zukommt. Auch in rechtlichen Belangen. Denn dein Kinderbonus vor dem Recht ist mit der Volljährigkeit, mit wenigen Ausnahmen, weitestgehend vorbei.

1. MY HOME IS MY CASTLE: UND WOHIN MIT DEM VERMIETER?

Die ersten eigenen vier Wände sind etwas ganz Besonderes. Wer will dabei schon an die Pflichten denken, die damit verbunden sind. Egal ob Mietwohnung, WG-Zimmer, Studentenwohnheim oder Eigentumswohnung (was ja durchaus vorkommen soll), deine Wohnung ist kein rechtsfreier Raum, in dem du schalten und walten darfst wie du möchtest.

Deine Pflichten werden, je nach Art deiner Unterkunft, durch verschiedene Regularien, Gesetze und Dokumente geregelt. Hierzu gehören beispielsweise

- ★ das Mietrecht,
- ★ dein Mietvertrag,
- ★ die Beschlüsse und Regeln der Wohnungsbaugenossenschaft,
- ★ die Beschlüsse und Regeln des Studierendenwerkes,
- ★ die Beschlüsse der Wohngemeinschaft und
- ★ die Beschlüsse des Hausverwalters.

Allein das Mietrecht ist ein Wälzer von mehreren Hundert Seiten. In der Regel braucht man weder die Papierversion im Regal, noch die einzelnen Paragrafen im Kopf, sofern du nicht Jura studierst. Bei ernsthaften Problemen schlägt man nach oder zieht einen Anwalt für Mietrecht zurate. Dennoch gibt es ein paar Fakten, die zum Allgemeinwissen gehören und die man wissen sollte, wenn man keine Neigung zu Nachbarschaftsstreitigkeiten ausleben will. Denn wenige Dinge belasten Alltag und Leben so sehr wie Probleme mit den Nachbarn. Solchen Problemen kannst du den Wind aus den Segeln nehmen, wenn du dich an die allgemeingültigen Spielregeln des Miet- und Wohneigentumsrechts hältst.

So banal es auch klingt: Deine oberste Pflicht als Mieter ist das pünktliche Zahlen der Miete. Vermutlich amüsiert es dich, das hier zu lesen. Schließlich weiß doch jeder, dass man seine Miete zahlen muss. Leider sieht der Alltag schnell anders aus. Gerade bei geringem Einkommen oder unregelmäßigem Einkommen kann eine regelmäßige Mietzahlung eine echte Herausforderung sein. Hinzu kommt, dass viele Leute vergessen, ihre Miete zu begleichen. Vor allem, wenn sie keinen Dauerauftrag eingerichtet haben oder wenn sie die Miete in WGs dem Vermieter oder Mitmieter bar in die Hand drücken. Auch wenn man sich noch so freundschaftlich mit dem Vermieter des WG-Zimmers oder mit der Lebenspartner*in versteht, die Miete ist pünktlich zum vereinbarten Termin zu zahlen. In der Regel wird die Miete monatlich zum Monatsanfang bezahlt. Dabei setzt sich die Miete aus der Kaltmiete und den Nebenkosten ohne Heizkosten zusammen.[96] Den Betrag dafür legt dein Vermieter fest und du stimmst mit der Unterzeichnung des Mietvertrags (Achtung: auch mündliche Verträge sind Verträge) zu. Folglich hast du im Regelfall kein Recht die Miete einzubehalten, später zu bezahlen oder zu kürzen.

Gleichzeitig musst du bedenken, dass sich deine Miete verändern kann. Je nach Art deines Mietvertrages sind die Grundlagen dafür beispielsweise eine sogenannte Staffelmiete oder eine Erhöhung der Mietnebenkosten. Auch hier kannst du den erhöhten Mietbetrag nicht einfach einbehalten.

Mietminderungen deinerseits sind erst dann rechtens (§ 536 BGB), wenn Mietmängel nachweisbar vorliegen und du diese beim Vermieter bereits angezeigt hast. Bevor du dir Probleme einhandelst und dein Mietverhältnis gefährdest, solltest du dich vor einer geplanten Mietminderung über die genaue Rechtslage und die Definition von Mietminderungsgründen informieren. Denn nicht alles, was sich für dich als Mängel in der Wohnung oder dem angemieteten Zimmer darstellt, ist auch per Gesetz ein Grund zur Mietminderung.

Eine weitere Pflicht für dich als Mieter*in besteht im Einhalten der gängigen Ruhezeiten. Achte darauf, ob in deinem Mietvertrag keine Ruhezeiten vorgeschrieben sind, die von den gängigen Ruhezeiten abweichen. Ruhezeit bedeutet, dass in einem definierten Zeitraum Geräusche oberhalb der Zimmerlautstärke untersagt sind.[97] Aufgrund einer fehlenden bundesweit einheitlichen Regelung, variieren die Ruhezeiten je nach Bundesland und Stadt/ Gemeinde sowie nach deinem Mietvertrag (Hausordnung).

Zu den gängigen Ruhezeiten gehören

- die Nachtruhe von 22 bis 6 bzw. 7 Uhr morgens
- die ganztätige Ruhezeit an Sonn- und Feiertagen und
- die Mittagsruhe von 13 bis 15 Uhr.

Weichen die Ruhezeiten in der Hausordnung von denen der Stadt/ Gemeinde ab, dann ist die in der Hausordnung festgelegte Ruhezeit für dich gültig.

Verstöße gegen die festgelegten Ruhezeiten können zur Kündigung durch den Vermieter führen. Im Eifer des Gefechts vergisst man die Ruhezeiten gern bei der nächsten Party. In der Regel führt ein einmaliger Ausrutscher höchstens zu einer Ermahnung seitens des Vermieters, vorausgesetzt deine Nachbarn sind nicht so auf Krawall gebürstet, dass sie die Polizei informieren. Denn auch wenn es von vielen Mietern so praktiziert wird: Ein Zettel im Hausflur mit der Info zu deiner geplanten Party, entbindet dich nicht vom Einhalten der Ruhezeiten. Es ist eher der Versuch, deine Nachbarn zu besänftigen. Das Recht hingegen steht in diesem Fall nicht auf deiner Seite.

Des Weiteren ist ein Mietverhältnis unterschiedlichen Kündigungsfristen unterworfen, an die du dich halten musst. Was beim Einzug, vor allem, wenn du dringend eine Wohnung brauchst, gern übersehen wird. Gerade

in der Ausbildung und dem Studium ziehen die meisten jungen Leute häufig um. Und häufig meint in diesem Sinn in der Tat sehr oft. Es ist keine Seltenheit, mehrmals im Jahr Wohnung oder WG-Zimmer zu wechseln. Umso ärgerlicher ist es, wenn du umziehen willst und du eine Kündigungsfrist von drei Monaten einzuhalten hast oder einen Nachmieter suchen musst. Gerade die Nachmietersuche kann zum Problem werden, wenn man die alte Wohnung nicht los wird, aber bereits die neue Wohnung bezahlen muss. Hier heißt es: Bereits vor dem Unterschreiben des Mietvertrages informieren, welche Klauseln für den Auszug gelten.

Letztlich wirst du, spätestens beim nächsten Auszug mit deinen Pflichten gegenüber Schönheitsreparaturen konfrontiert werden. Hier ist es sinnvoll, sich bereits beim Einzug damit zu beschäftigen, wie du beim Auszug die Wohnung oder das Zimmer zu übergeben hast. Das spart nicht nur Zeit, sondern auch Geld. Denn so kannst du kleinere und größere Umbauten und Verschönerungsmaßnahmen im Vorfeld vermeiden. Nichts kann so teuer werden wie die Entfernung eines geklebten Teppichs und der Wiederherstellung des darunterliegenden Parketts. Insbesondere, wenn dein Mietvertrag eine Klausel zur Umwälzung von Schönheitsreparaturen auf den Vermieter beinhaltet.[98]

Wie du siehst, besteht Wohnung – egal in welchem Verhältnis – aus mehr als Ein- und Auszug. Also: Augen auf beim Mieten.

2. HOTEL MAMA: RECHTE UND PFLICHTEN

Hotel Mama klingt verlockend. Doch ganz so einfach ist es in der Praxis nicht. Denn auch, wenn deine Eltern dir bis zur Beendigung deiner Ausbildung gegenüber unterhaltspflichtig sind (Ausnahmen bestätigen die Regel), kannst du im Hotel Mama nicht tun und lassen, was du willst. Vor allem kannst du dich nicht aufführen wie die berühmte Axt im Wald. Dein Welpenschutz ist mit der Volljährigkeit passé und bei aller elterlichen Liebe und Fürsorge müssen deine Eltern kein flegelhaftes, aggressives oder unsoziales Verhalten von dir tolerieren. Schon manch einer fand sich schneller vor verschlossener Tür als ihm lieb war. Denn genau das dürfen deine Eltern: In den elterlichen vier Wänden (egal ob Wohnung oder Haus) besitzen deine Eltern das alleinige Hausrecht. Die Betonung liegt dabei auf »alleinig«. Du hast in der elterlichen Wohnung kein Hausrecht. Verstößt du dagegen, fliegst du raus. Da helfen auch teure Anwälte nicht wirklich weiter. Zumal der dir zustehende Unterhalt nicht an die Bereitstellung von Wohnraum gekoppelt ist. Daneben können deine Eltern von dir Kostgeld verlangen, wenn du über ein eigenes Einkommen (z. B. Ausbildungsvergütung, Einkommen aus eigenem Job) verfügst.

Pochst du auf deinen finanziellen Unterhalt (die sogenannte Geldrente), während du noch die Vorzüge des Hotels Mama genießt, solltest du folgendes bedenken: So lange deine Eltern dir freie Kost und Logis gewähren, gilt das als Sachleistung, die auf den Betrag der Geldrente (Berechnung nach der Düsseldorfer Tabelle[99]) angerechnet wird. Daraus kann folgen, dass die Summe an Kost und Logis bereits den Umfang des Unterhaltes abdeckt und du keinen Anspruch auf einen Geldbetrag in bar hast.

Ein weiter Punkt ist die Dauer deiner Ausbildung. Zieht sich deine Ausbildung in die Länge, kann die Unterhaltspflicht deiner Eltern enden. Ursachen dafür können sein:

- wiederholte Ausbildungsabbrüche und Neustarts
- hinausgezögerte Ausbildungen durch verschobene Prüfungen oder nicht abgeschlossene Module

Natürlich fällst du bei deinem ersten Ausbildungswechsel nicht plötzlich durchs Raster und landest auf der Straße. Hotel Mama ist aber kein 24-h-Laden, auch wenn einige junge Erwachsene das als selbiges betrachten. Reizt du die Grenzen des Hotels Mama aus und verhältst du dich gegenüber deinen Eltern wie der Hotelgast, stehst du auf der schlechteren Seite. Diese Kombination müssen deine Eltern nicht tolerieren und Gerichte entscheiden in diesen Fällen zu Gunsten der Eltern.[100]

Unabhängig davon, ob deine Eltern – wenn du noch das Leben im Hotel Mama genießt – Kostgeld verlangen oder nicht, ist es für das Miteinander sinnvoll, sich am Haushalt zu beteiligen und bei eigenen Einkünften ein Kostgeld abzugeben.[101]

3. WIE MAN IN DEN WALD HINEINRUFT: DAS EIGENE VERHALTEN REFLEKTIEREN

Hinter dem Begriff der Selbstreflexion versteckt sich die Fähigkeit eines Menschen aus einer gewissen Distanz heraus über bestimmte Aspekte des eigenen Lebens nachzudenken.[102] Zahlreiche Dinge können Anlass zur Selbstreflexion geben: eine unangenehme Begegnung, eine anstehende Entscheidung, unklare Verhältnisse, Beziehungen, Lebenssinnfragen.

Dabei kann Selbstreflexion weitaus mehr als nachzudenken. Sie ist ein Baustein für deine Persönlichkeitsentwicklung, dein Wachstum und dein Selbstbewusstsein. Denn mithilfe der Selbstreflexion ist es dir möglich, aus der passiven Rolle gegenüber deinen Lebensumständen herauszutreten und aktiv zu werden. Das setzt allerdings voraus, dass wir nicht nur darauf reagieren, was tagtäglich auf uns einprasselt, sondern uns Zeit zum Nachdenken und Reflektieren nehmen. Gerade unsere Gefühle, Wünsche und Bedürfnisse werden durch die Selbstreflexion zugänglicher.

Wenn du einmal den Begriff »Selbstreflexion Methoden« googelst, wirst du feststellen, dass es eine riesige Bandbreite an Methoden zur Selbstreflexion gibt. Hier kannst du dir die Methode auswählen, die am besten zu dir und deinen Bedürfnissen sowie zu dem Problem passt, über welches du reflektieren möchtest. Gibt es keinen speziellen Anlass für die Selbstreflexion und möchtest du diese vielmehr nutzen, um etwas über dich selbst zu erfahren, erweisen sich gezielte Fragen als nützlich. Solche könnten beispielsweise sein:

- Welche Talente hast du?
- Welche Werte schätzt du an anderen und wie stehen diese Werte zu deinen eigenen?
- Was zeichnet dich aus?
- Welche Stärken hast du?
- Was bewunderst du an anderen Menschen?
- Welche drei Dinge würdest du an dir sofort ändern?

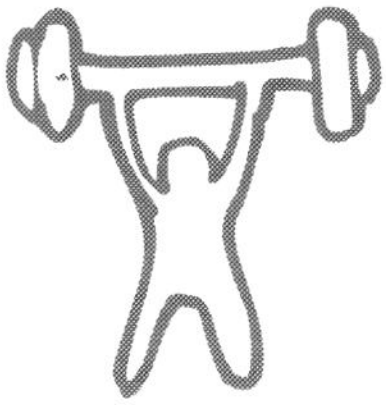

Wie du siehst, gibt es einen unendlichen Fragenkatalog. Um dich nicht zu überfordern, beschränkst du dich auf eine Frage und setzt dich mit dieser auseinander. Wichtig dabei ist, dass du für die Zeit der Selbstreflexion ungestört bist und dir Zeit lassen kannst. Zwischen Tür und Angel wird es schwierig, sich mit eigenen Gefühlen und Bedürfnissen auseinanderzusetzen. Auch anstrengende Zeiten, beispielsweise vor anstehenden Prüfungen, sind nicht unbedingt der optimale Zeitpunkt für eine Selbstreflexion. Je mehr Übung du in der Selbstreflexion hast, umso leichter geht sie dir von der Hand und umso mehr wirst du ihren Nutzen erkennen.

Brauche ich Selbstreflexion auch, wenn ich nicht über den Sinn meines Lebens oder meine Stärken nachdenken möchte? Definitiv ja. Denn Selbstreflexion ist auch ein probates Mittel, um deine Beziehungen zu anderen Menschen zu überprüfen und zu überdenken. Vor allem, wenn es irgendwo kriselt oder hakt. Nicht immer ist dein Gegenüber für ein gestörtes Miteinander verantwortlich. Alles, was du unbewusst an Signalen aussendest und an Verhalten an den Tag legst, führt zu einer Reaktion deines Gegenübers. Wie du in den Wald hinein rufst, schallt es hinaus. Deine Bedürfnisse und Wünsche prallen auf die des Gegenübers. Ohne Selbstreflexion kannst du die Interaktion zwischen dir und deinem Gegenüber auf unbewusster und nonverbaler Ebene jedoch nicht verstehen. Ohne Verstehen kann eine kriselnde Interaktion nicht aufgelöst werden.

Beherrschst du die Selbstreflexion, wird es dir möglich sein, aus der Distanz deine Interaktion mit einem Gegenüber zu betrachten und zu analysieren. Aus den so gewonnenen Erkenntnissen lassen sich Rückschlüsse ableiten, was du zur Verbesserung der Interaktion tun kannst oder wie du eine schwierige Interaktion in der Zukunft vermeiden kannst. Insbesondere, da du nur dein eigenes Verhalten, nicht jedoch das deines Gegenübers, ändern kannst.

4. ELTERN SIND KEINE DIENSTBOTEN

Auch wenn du mit der Volljährigkeit tun und lassen kannst, was du möchtest, sind deine Eltern nicht in der Pflicht, deine Wünsche und Eskapaden mitzumachen. Vor allem, wenn du noch zu Hause wohnst, gelten die Spielregeln des Miteinanders. Welche im Übrigen auch einen Erwachsenen auszeichnen.

Es ist nett von deiner Mutter deine Wäsche zu waschen, denn sie muss das nicht tun. Gleiches gilt für andere Dinge wie dein Zimmer aufzuräumen, dir deine Wäsche hinterher zu räumen, dein Essen zuzubereiten oder dich an Termine zu erinnern. Was immer deine Eltern für dich tun, ist ein Bonus. Keine Pflicht. Die einzige Pflicht, die deine Eltern mit deiner Volljährigkeit noch haben, ist die Unterhaltspflicht. Und auch diese ist an strenge Richtlinien gekoppelt.[103]

Im Idealfall besprichst du mit deinen Eltern euer weiteres Zusammenleben und ihr klärt, wie und in welchem Maß du dich im Haushalt einbringst und welche Aufgaben du selbst übernimmst. Spoiler: Es ist nie zu früh zu wissen wie man die eigene Wäsche wäscht. Ebenso können deine Eltern, auch wenn sie unterhaltspflichtig sind, ein Kostgeld von dir fordern. Das kommt dann zum Tragen, wenn du eine Ausbildungsvergütung erhältst.[104]

Läuft es hingegen nicht rund zwischen dir und deinen Eltern und rasselt ihr wiederholt aneinander, solltest du überlegen, welche Ansprüche du an deine Eltern stellst und ob ein Auszug nicht die bessere Alternative wäre. Zumal das Hausrecht, auch wenn du nun als Volljährige*r bei deinen Eltern wohnst, allein bei deinen Eltern liegt.[105] Sie müssen dich nicht in ihren eigenen vier Wänden tolerieren. Und es besteht kein Anrecht auf Hotel Mama bis zum Lebensende. Das solltest du bei allen Streitigkeiten und Diskussionen mit deinen Eltern bedenken.

Grenzen hat deine Freiheit auch in Bezug auf Drogen und selbstverletzendes Verhalten. Sehen deine Eltern hier eine Gefahr für dich oder für andere (Eltern bleiben einfach immer sorgende Eltern), können sie eingreifen und die Behörden einschalten. In schwierigen Fällen kann auch das Jugendamt bis zu deinem 21. Lebensjahr herangezogen werden.

Daneben hilft es bei Diskussionen mit den Eltern oder wenn sie dir auf die Nerven gehen, zu bedenken, dass es auch für Eltern nicht einfach ist. Nachdem du 18 Jahre lang das Kind für sie warst, begegnest du ihnen plötzlich auch als Erwachsener. Diese Umstellung ist auch für deine Eltern schwierig. Zum einen müssen sie dir die Freiheit lassen, die du als Erwachsener hast. Zum anderen, werden sie sich immer Sorgen um dich machen. Es liegt in der Natur der Eltern, die eigenen Kinder (auch wenn sie die Volljährigkeit schon lang hinter sich gebracht haben) vor Gefahren beschützen zu wollen. Hier braucht es von beiden Seiten Verständnis und klar formulierte Grenzen.

Damit legst du den Grundstein, deinen Eltern irgendwann mehr als Erwachsene*r denn als Kind gegenüberzutreten. Ganz ohne Kind geht es nie.

5. ELTERN HAFTEN NICHT FÜR IHRE KINDER

Mit der Volljährigkeit haften deine Eltern nicht mehr für Schäden und Problem, die du verursachst. Im Internet finden sich verschiedene Gerichtsurteile, die etwas anderes vermuten lassen.[106] Schaut man sich die einzelnen Urteile jedoch genauer an, dann bleibt der Konsens bestehen, dass Eltern nicht für ihre volljährigen Kinder haften.

Schauen wir uns dazu ein Beispiel an, in dem ein volljähriges Kind über den Internetanschluss der elterlichen Wohnung Musik illegal geladen und angeboten hat. Hier entschied der Bundesgerichtshof (Az. I ZR 19/16 2017), dass die Eltern dafür haften. Die Haftung ergab sich jedoch daraus, dass die Eltern sich weigerten den Namen des verursachenden Kindes zu nennen. Hätten sie den Namen des volljährigen Kindes genannt, so wäre die Haftung der Eltern entfallen und das volljährige Kind wäre für den illegalen Musikvertrieb zur Rechenschaft gezogen worden.[107]

Der Haftungsausschluss bezieht sich jedoch nicht nur auf strafbare Handlungen und Straftaten. Auch für andere Probleme, für die deine Eltern vor deiner Volljährigkeit zur Verantwortung und zur Haftung herangezogen wurden, bist du mit der Volljährigkeit selbst verantwortlich. Häufst du beispielsweise Schulden an, die du nicht mehr zahlen kannst, sind deine Eltern dafür nicht haftbar zu machen. Auch dann nicht, wenn du kein eigenes Einkommen besitzt. Hier gilt allein die Volljährigkeit. Du kannst dich in diesem Fall nicht auf eine Angehörigenhaftung berufen. Spoiler: Die besteht selbst zwischen Ehepartner*innen nur eingeschränkt.[108]

Volljährigkeit bedeutet: du bist auch vor dem Gesetz für deine Handlungen verantwortlich. In wie weit es hierbei Einschränkungen gibt, erfährst du in den folgenden beiden Kapiteln.

6. ARGUSAUGE DES GESETZES: VOLL DELIKTFÄHIG IM ZIVILRECHT

Mit deiner Volljährigkeit bist du im Zivilrecht voll strafmündig (deliktfähig, zurechnungsfähig). Vorher warst du ab dem 14. Lebensjahr bedingt deliktfähig (§ 828 BGB).[109]

Die Deliktfähigkeit ist in den §§ 823 ff. des BGB festgelegt.

Doch was fällt eigentlich alles unter das Zivilrecht? Das Zivilrecht wird auch als Privatrecht oder bürgerliches Recht bezeichnet.[110] Entsprechend dieser Definition regelt es alle Rechtsbeziehungen zwischen zwei Bürgern bzw. Privatpersonen. Unter das Zivilrecht fallen alle schuldhaften Handlungen, woraus sich Beschränkungen durch Alter und Zurechnungsfähigkeit ergeben.[111] Es regelt die Konflikte, die sich aus dem Zusammenleben der Bürger ergeben. Dazu gehören beispielsweise:[112, 113, 114]

- Probleme in wirtschaftlichen Rechtsbeziehungen zwischen Privatpersonen
- Streitfragen im Erbrecht
- Streitfragen im Familienrecht
- Verstöße gegen Verträge (Vertragsrecht)
- Streitfragen zwischen Geschäftspartner*innen (Handels- und Gesellschaftsrecht)

- Streitfragen im Besitz- und Eigentumskonflikte (Sachenrecht)
- Streitfragen im Arbeitsrecht
- Streitfragen im internationalen Privatrecht
- Streitfragen im Schuldrecht

Bei Konflikten und Streitigkeiten landet man jedoch nicht automatisch vor dem Zivilgericht. Anwält*innen und Notar*innen wirken sowohl streitvorbereitende als auch streitvermeidend.[115] Dies dient vor allem der Klärung, ob eine zivilrechtliche Klage Erfolg haben könnte und ob Kosten und Nutzen in einem sinnvollen Verhältnis stehen. Man ist in Konflikten und Streitfragen mit Anwält*in oder Notar*in also immer gut beraten. Auch bzw. insbesondere dann, wenn man zum Angeklagten wird. Hier erweisen sich frühzeitig abgeschlossene Rechtsschutzversicherungen als sinnvoll, damit man nicht allein auf den Kosten für Anwält*innen, Notar*innen und den Gerichts- und Prozesskosten sitzen bleibt. Diese summieren sich zu den Kosten des Streitfalles und können dich in große finanzielle Probleme stürzen.

7. LETZTER BONUS IM STRAFRECHT: DEADLINE 21. LEBENSJAHR

Im Strafrecht hast du einen Kinderbonus bis zum 21. Lebensjahr. Ob du von diesem Gebrauch machen kannst, entscheidet jedoch das Gericht (§§ 19 StGB; 1,3 JGG). Darauf kannst du nicht per se berufen. So bist du, wie im Zivilrecht, auch im Strafrecht ab deinem 18. Geburtstag voll deliktfähig (strafmündig). Bis zur Vollendung deines 21. Lebensjahres kann das Gericht unter bestimmten Voraussetzungen jedoch das Jugendstrafrecht anwenden. Zu diesen Voraussetzungen gehören[116]:

- Deine kognitive Reife entspricht nicht deinem Alter (Spoiler: Aufgrund erfahrener Richter*innen, Anwält*innen, Gutachter*innen und Testverfahren reicht vorgetäuschte Dummheit nicht aus, um als unreif zu gelten).

- Aufgrund kognitiver Defizite und Entwicklungsrückstände warst du nicht imstande, das Unrecht deiner Handlung zu erkennen.

Das Strafrecht ist im Strafgesetzbuch (StGB) geregelt. Es beschäftigt sich mit folgenden Themen[117]:

- Straftaten gegen die sexuelle Bestimmung
- Straftaten gegen das Leben, gegen die körperliche Unversehrtheit und gegen die persönliche Freiheit
- Beleidigungen
- Diebstahl, Unterschlagung, Raub und Erpressung
- Urkundenfälschung
- Begünstigung und Hehlerei
- Sachbeschädigung
- Gemeingefährliche Straftaten
- Straftaten gegen die Umwelt
- Straftaten gegen die öffentliche Ordnung
- Straftaten auf Grundlage von Weltanschauungen und Religionen
- Straftaten im Amt
- Friedensverrat, Hochverrat und Gefährdung des demokratischen Rechtsstaates
- Widerstand gegen die Staatsgewalt

Wie du aus der obigen Liste erkennen kannst, ist das Strafrecht nicht nur für Mord und Totschlag verantwortlich. Bastelst du dir also deine eigene

Urkunde zur Meisterprüfung, verbesserst du dein Arbeitszeugnis, fälschst du ein Rezept oder eine Eintrittskarte begehst du eine Urkundenfälschung, die dich vor das Strafgericht bringt. Dabei ist für den Laien nicht immer bekannt, was alles zu den Urkunden gerechnet wird. Denn selbst ein Preisschild fällt unter die Definition einer Urkunde und kann unbefugt nicht einfach bearbeitet werden. Die laienhafte Vorstellung der Urkunde stellt folglich nur einen kleinen Ausschnitt dessen dar, was alles zu den Urkunden gerechnet wird. Davon lässt man am besten die Finger auch wenn es sich um eine Mutprobe oder einen Party-Gag handelt, wenn man kein Bedürfnis auf einen Gerichtstermin hat. Zumal Urkundenfälschungen und Urkundendelikte im schlimmsten Fall mit einer Freiheitsstrafe von bis zu fünf Jahren geahndet werden.

8. BETRUNKEN AUF RAD UND E-SCOOTER – ODER GOODBYE FÜHRERSCHEIN

Während die meisten wissen, dass alkoholisiertes Autofahren geahndet wird, gibt es auch für das Bedienen von Maschinen sowie anderer fahrbarer Untersätze Promillegrenzen. Dabei weichen die Promillegrenzen von denen für Autofahrer ab. In Deutschland liegt die Promillegrenze für Radfahrer bei 1,6 Promille.[118] Überschreitest du diese Grenze, drohen dir eine Geldstrafe, sofern du bereits eine Fahrerlaubnis besitzt eine medizinisch-psychologische Untersuchung (sogenannte MPU) und ein Eintrag im Fahreignungsregister bzw. Verkehrszentralregister (die berühmten Punkte beim Kraftfahrtbundesamt in Flensburg). Für Radfahren mit mehr als 1,6 Promille, füllt sich dein Flensburgkonto mit drei Punkten. [119] Die Punkte kannst du auch sammeln, wenn du über keinen Führerschein verfügst.[120] Kritisch werden die Punkte auf dem Flensburgkonto, wenn du im Besitz einer Fahrerlaubnis bist. Hier kommt es ab acht Punkten zum Entzug des Führerscheins.

Unterhalb der Promillegrenze von 1,6 Promille erhältst du eine Strafanzeige, wenn dein Promillewerte 0,3 Promille überschreitet. Den hast du bereits mit einem Bier überschritten. Die »nur ein Bier«-Ausrede schützt also nicht vor der Strafe.

Für den E-Scooter gelten zusätzliche Regeln. Bereits ein Überschreiten der 0,5-Promillegrenze wird mit Geldstrafen geahndet, die bei 500 Euro beginnen und sich bei Wiederholungstätern bis zu 1500 Euro steigern können.[121] Liegt dein Blutalkohol während der Fahrt auf dem E-Scooter bei über 1,1 Promille, liegt aufgrund der absoluten Fahruntüchtigkeit eine Straftat vor.[122] Diese kann neben der Geldstrafe auch mit einer Freiheitsstrafe geahndet werden. Zusätzlich zu allen Strafen sammelst du ab 0,5 Promille auf dem E-Scooter Punkte auf deinem Flensburgkonto, erhältst ein Fahrverbot von mindestens einem Monat und musst gegebenenfalls zur MPU. Eine Zusatzstrafe in Form einer Geldbuße erwartet dich, wenn du als Fahranfänger gegen die 0-Promille-Regel verstößt.[123] Diese hohen Strafen wurden eingeführt, weil E-Scooter bereits ohne Alkoholeinfluss zu schwerwiegenden Verletzungen führen können. Und du mit einer Alkoholfahrt auf dem E-Scooter nicht nur dich, sondern auch andere Verkehrsteilnehmer in hohem Maß gefährdest.[124]

Klar kannst du jetzt denken: So ein bisschen fahren schaffe ich locker auch mit einem Bier. Dummerweise ist so ein E-Scooter mit seinen 20 km/h schneller als die meisten Fahrradfahrer und es besteht keine Helmpflicht. Zum Vergleich: Der Durchschnittsradler erzielt 10 bis 25 km/h. Von Rennrädern mal abgesehen. Auch hier gibt es keine Helmpflicht. Die Hauptverletzungen bei Radfahrern sind mit weit über 90 % Schädelhirnverletzungen, welche auch die schwersten Verletzungen (verglichen mit Verletzungen der Extremitäten oder des Brustkorbs) bei Fahrradunfällen darstellen.[125] Durch das Tragen eines Helms könnte eine deutliche Senkung der Schädelhirnverletzungen und hier v.a. der tödlichen Kopfverletzungen erzielt werden.[126]

Dummerweise denken die wenigsten im alkoholisierten Zustand an einen Helm.

Ähnlich verhält es sich bei den E-Scootern. Auch hier kann bereits ein ganz profaner Sturz mit dem E-Scooter zu einer mitunter schweren Kopfverletzung führen. Mehr als 50 % der verunfallten E-Scooter-Fahrer*innen haben eine Kopfverletzung.[127] Auch wenn Beulen, Riss- und Schürfwunden am Kopf am häufigsten sind, haben nicht wenige Fahrer*innen Schädelhirnverletzungen mit Brüchen der Gesichts- und Schädelknochen.[128] Fährst du mit deinem E-Scooter gegen ein Hindernis oder kollidierst mit einem

Auto, ist die Chance einer offenen Schädelfraktur und einer Verletzung der Wirbelsäule groß. Daneben kommt es oft zu Brüchen der Schlüsselbeine, der Handgelenke und Unterarme, der Sprunggelenke und der Schienbeine sowie zu Zahnverletzungen.[129]

Arme und Beine heilen häufig gut. Kopf und Wirbelsäule heilen fast immer nur mit Spätfolgen wie Konzentrationsschwierigkeiten, chronischen Schmerzen und Lähmungen bis hin zum Rollstuhl. Sofern du die Verletzungen überhaupt überlebst. Unter Alkoholeinfluss ist deine Fahrtüchtigkeit derart reduziert während deine Selbstüberschätzung exponentiell wächst, dass nicht nur die Unfälle per se, sondern auch die Schwere der Unfälle zunehmen.

Hinzu kommt, dass du auch für Verletzungen anderer Verkehrsteilnehmer verantwortlich sein kannst. Beispielsweise, wenn du mit anderen Verkehrsteilnehmern (Fußgänger, Radfahrer, Autofahrer) kollidierst oder sie deinetwegen ausweichen müssen und einen Unfall bauen. Niemand ist so abgebrüht, um über den selbst verschuldeten Unfall anderer Personen hinwegzusehen. Vor allem nicht, wenn diese bleibenden Schäden davontragen oder ihren Verletzungen erliegen. Solch ein Trauma wegen der coolen 5 Minuten mit Bier auf dem E-Scooter wird dich dein Leben lang begleiten und negativ beeinflussen. Von den Schadenersatzforderungen ganz zu schweigen.

Das soll dir weder den Spaß am Radfahren, noch am E-Scooter-Fahren nehmen. Es soll dich nur dafür sensibilisieren, besser zu Fuß zu gehen oder ein Taxi zu nehmen, wenn du Alkohol trinkst.

9. BETRUNKEN HINTERS STEUER – EIN NO GO

Alkohol am Steuer gefährdet dein Leben ebenso wie das Leben anderer. Ein verantwortungsvoller Autofahrer sollte sich daher an eine 0-Promille-Grenze halten. Dass das in der Praxis nicht der Fall ist, zeigen die Unfallstatistiken. 2018 starben rund 300 Personen bei Verkehrsunfällen unter Alkoholeinfluss, rund 5.000 wurden schwer verletzt.

Die Gesamtrate der Verunglückten bei Verkehrsunfällen unter Alkoholeinfluss lag bei rund 20.000.[130]

2003 waren rund 20% der aufgrund von Alkohol und überhöhter Geschwindigkeit getöteten und verunglückten Autofahrer zwischen 18 bis 24 Jahre alt.[131] 2018 lag die Rate immer noch bei rund 19 %. In Zahlen heißt das: 2018 verunglückten 3124 Personen zwischen 18 und 25 Jahren infolge alkoholbedingter Verkehrsunfälle. Davon starben 41 Personen.[132]

Im Bußgeldkatalog werden Verstöße ab 0,3 Promille geahndet. Die 0,3 Promille-Grenze kommt zum Einsatz, wenn du mit deinem Fahrverhalten den Verkehr und andere Verkehrsteilnehmer gefährdest. Erwischt dich die Polizei nachts auf einer einsamen Waldstraße mit 0,5 Promille allein im Auto gilt eine Promillegrenze von 0,5 Promille.[133]

Für Fahranfänger in der zweijährigen Probezeit gilt die 0-Promille-Grenze.[134] Für den Alkoholkonsum bedeutet das: striktes Alkoholverbot, wenn du fährst.

Die Strafen beginnen bei Geldbußen von 500 Euro, Punkten in Flensburg und Fahrverbot und münden im schlimmsten Fall in einer Freiheitsstrafe. Und erhöhen sich[135],

- wenn du vorsätzlich gehandelt hast,
- wenn du zusätzlich Drogen konsumiert hast oder
- wenn du bereits Einträge in Flensburg hast.

Pauschal kann man sagen, dass ein Bier mit 0,3 Promille zu Buche schlägt. Da die Blutalkoholkonzentration (Promille) jedoch von vielen Faktoren abhängt, kannst du auch mit einem einzelnen Bier bereits die 0,5 Promille-Grenze knacken. Zu den Einflussfaktoren gehören beispielsweise dein Körpergewicht, dein Geschlecht, die Einnahme von Medikamenten, die Trinkdauer und deine Stoffwechselaktivität.

Der ideale Weg: don't drink and drive.

10. BEHÖRDENPOST ZWISCHEN LIEBE UND FRUST

So viel sei vorweggenommen: Es gibt vermutlich kaum einen Erwachsenen, der sich über Behördenpost freut. Damit sind keine Werbebriefe diverser Krankenkassen, Banken oder Immobilienmakler gemeint. Als Behördenpost wird Post von oder an Behörden verstanden.

Um Problemen mit Behördenpost aus dem Weg zu gehen, empfiehlt es sich, diese noch am selben Tag zu öffnen, wenn du sie aus dem Briefkasten holst.

So wie du dir antrainieren solltest, deine Post direkt zu öffnen, solltest du Behördenpost auch rechtzeitig beantworten. Wenn du es nicht am selben Tag schaffst, was durchaus nicht unüblich ist, ist es ratsam, sich zwei Tage in der Woche für die Beantwortung von Behördenpost zu reservieren. Das hat den Vorteil, dass du die Briefe samt einer Kopie deiner Antwort auch gleich in deine Unterlagen einsortieren kannst. Ob du hierfür alles einscannst und auf deiner Festplatte speicherst oder deine Antwort kopierst und sie damit dem Originaldokument in einem Ordner abheftest: Wichtig ist, dass du sie abheftest. Am besten sortiert nach Behörde. Das erleichtert das Nachschlagen bei Rückfragen, längerer Korrespondenz oder wenn du einen Rechtsanwalt zurate ziehen musst.

Die optimale Ablage gibt es nicht. Es hängt davon ab, was sich für dich am besten eignet und am einfachsten umsetzbar ist.

Das von vielen Menschen praktizierte »aus den Augen aus dem Sinn« ist bei Behördenpost leider keine geeignete Methode. Denn über Behördenpost wächst nie Gras. Es entstehen nur Probleme, die man locker hätte vermeiden können. Vor allem, wenn es sich um Rechnungen handelt. Denn mit jeder verstrichenen Mahnung und dem Einschalten eines Inkassounternehmens vervielfacht sich deine Rechnung. Und aus einem anfänglich geringen Betrag von 20 Euro entsteht auf diesem Weg leicht ein Zahlbetrag von 400 Euro. Also: Tief durchatmen, Augen zu und durch und sich danach etwas Gutes tun für die erfolgreich absolvierte Post.

Die Inhalte, die einen mit der Behördenpost ereilen, sind nicht selten Aufbewahrungsfristen unterworfen. Da sich die Fristen regelmäßig ändern und danach variieren, um welche Post es sich handelt (z.B. Verträge, Steuerunterlagen, Immatrikulationsbescheinigung, Ausbildungsnachweis, Zeugnisse, ärztliche Unterlagen), lohnt es sich, sich darüber genauer zu informieren.

Die folgende Liste gibt dir einen Überblick der wichtigsten aktuellen Aufbewahrungsfristen:[136]

- Handwerkerrechnungen: 2 Jahre, sofern auf der Rechnung nichts anderes vermerkt ist (**ACHTUNG:** die Frist beginnt mit dem 01.01. des Jahres nach dem Rechnungsdatum.
  Wurde die Rechnung am 08.05.2020 ausgestellt, so muss die Rechnung bis zum 31.12.2022 aufgehoben werden)

- Kaufbelege und Quittungen: 2 Jahre
- Bankunterlagen: 3 Jahre
- Steuerunterlagen von Privatpersonen: keine vorgeschriebene Frist (ein Aufbewahren wird jedoch empfohlen, insbesondere da sie zum Einkommensnachweis bei Kreditanträgen dienen können)
- Steuerunterlagen bei Selbstständigen: 10 Jahre
- Rentenunterlagen: lebenslang
- Gehaltsabrechnungen, Sozialversicherungsunterlagen, Ausbildungs- und Studienbescheinigungen: lebenslang (diese werden mitunter für die Rentenberechnung herangezogen)
- Ärztliche Unterlagen: lebenslang

Häufig ist Behördenpost an Fristen gebunden. Eine Frist kann hierbei darin bestehen, dass du im Fall des Finanzamtes eine Zahlung bis zu einem festgelegten Zeitpunkt überwiesen haben musst. Andere Fristen liegen vor, wenn du Unterlagen und Antworten auf Anforderung einer Behörde an diese übermitteln musst. In beiden Fällen gelten die Formalien amtlicher Zustellungen.

Trifft beispielsweise eine Rechnung erst nach Ablauf der im Brief genannten Zahlungsfrist bei dir ein, entscheidet der Nachweis der Zustellung darüber, ob du oder die Behörde im Recht bist und ob du Einspruch einlegen kannst. So muss der Zusteller sich die Zustellung von dir entweder persönlich quittieren lassen oder das Datum des Einwurfs in den Briefkasten auf dem Umschlag vermerken. Relevant wird dieses Zustelldatum beispielsweise für sogenannte Widerspruchsfristen. Sind die Formalien der Zustellung eingehalten, läuft die Widerspruchsfrist ab dem Zeitpunkt der Zustellung.[137] In diesem Fall geht es zu deinen Lasten, wenn du aus Vergesslichkeit, Krankheit oder weil dein Hund den Brief gefressen hat, nicht rechtzeitig Widerspruch eingelegt hast (sofern du es wolltest). Andersherum hast du, sollten die Formalien seitens der Behörde nicht eingehalten worden sein, das Recht auf eine Verlängerung der jeweiligen Frist.[137,138]

Im Zeitalter von E-Mails musst du beachten, dass Behördenpost in den meisten Fällen, vor allem wenn es um Fristen geht, immer noch an die klassische Briefpost gebunden ist. Damit sichert sich jedoch nicht nur die Behörde ab, sondern auch du. Denn im Fall von Fristen und Einsprüchen, ist es an dir zu belegen, dass dein Schreiben bei der Behörde rechtzeitig eingegangen ist.

Sinnvoll ist in diesem Fall die Verwendung von Einschreiben.

Insgesamt kannst du zwischen drei verschiedenen Einschreiben bei der Deutschen Post wählen:

- Einwurf-Einschreiben
- Übergabe-Einschreiben
- Einschreiben mit Rückschein

Alle drei Formen umfassen eine Sendungsverfolgung, sodass du sehen kannst, wann der Brief beim Empfänger angekommen ist. Während du beim Einwurf-Einschreiben lediglich eine Information über die Zustellung des Briefes erhältst, wird bei den übrigen beiden Einschreiben-Formaten die Zustellung mit der Unterschrift des Empfängers bestätigt. Beim Einschreiben mit Rückschein füllst du bereits mit dem Versenden des Einschreibens eine sogenannte Rückscheinkarte aus, welche du kostenlos bei der Post erhältst. Diese wird vom Empfänger deines Einschreibens unterschrieben und an dich zurückgesandt. Für Einschreiben an Behördenpost sind das Übergabe-Einschreiben und das Einschreiben mit Rückschein zu empfehlen.[139] Obgleich nach einem Urteil des Bundesgerichtshofes (BGH) das Einwurf-Einschreiben den übrigen beiden Formaten gleichgesetzt wurde.[140] Hinzu kommt, dass bei einem Einwurf-Einschreiben das Risiko einer Nichtannahme deines Briefes geringer ist. Bei einem an die gängigen Behörden gesandten Brief, ist es unwahrscheinlich, dass die Annahme des Briefes verweigert wird. Dieses trifft eher zu, wenn es sich bei den Briefen um Post an Personen handelt, die dir gegenüber negativ eingestellt sind bzw. sein können (z.B. Vermieter, Verkäufer, Handwerker, Ex-Freund*in). Zusammen mit jedem Einschreiben erhältst du einen Einlieferungsbeleg. Mit der darauf vermerkten Nummer ist die Sendungsverfolgung möglich. Folglich solltest du diesen Beleg gut aufbewahren und dafür sorgen, dass er weder in den Untiefen deiner Tasche verschwindet, noch sich zwischen Kaugummi, Kleingeld und Taschentuch in deiner Hosentasche auflöst.

Die weitverbreitete Annahme, dass der Poststempel darüber entscheidet, ob deine Behördenpost innerhalb der Frist ankommt, ist falsch. Für die Einhaltung der Fristsetzung zählt der Eingangsstempel bei der Behörde.

11. DIE FINANZEN NICHT AUS DEM BLICK VERLIEREN

Die Finanzen nicht aus dem Blick zu verlieren, ist auch für gestandene Erwachsene nicht immer einfach. Es hilft, wenn du dich bereits als junge*r Erwachsene*r damit beschäftigst. Das hilft dir, auch im späteren Leben mit deinen Finanzen gut haushalten zu können.

Um die Kontrolle über deine Finanzen zu behalten, helfen folgende Maßnahmen:

★ Verplane kein Geld und gib kein Geld aus, was du noch nicht auf deinem Konto hast. Es kommt immer anders als man denkt und dann fehlt das Geld an allen Ecken und Enden.

- Trage deine Ein- und Ausgaben täglich in ein Haushaltsbuch (Heft, Exceltabelle, App) ein. Gestalte es so, dass es dir gefällt. Nichts ist so schlimm wie sich neben dem schwierigen Finanzthema auch noch mit einem hässlichen Heft herumzuschlagen.

- Nutze das drei Konten-Modell: Konto 1: Geld für deine gesamten Fixkosten inklusive Lebensmittel, Konto 2: Geld zum Sparen für unvorhergesehene oder einmalige Ausgaben (z. B. Ausbildungsgebühren, Steuerrückzahlungen, Autowerkstatt), Konto 3: Geld zur freien Verfügung.

- Lege dir, basierend auf deinen Fixkosten, einen festen Betrag zur freien Verfügung im Monat fest. Versuche diesen Betrag nicht zu überschreiten. Was du nicht verbrauchst, kannst du sparen oder mit in den nächsten Monat nehmen.

- Überlege in regelmäßigen Abständen, wo dein Geld im schwarzen Loch verpufft: Coffee to go und Fastfood können erhebliche finanzielle Belastungen verursachen. Gleiches gilt für Zeitschriften, Partygänge und Kinobesuche. Man muss es sich nicht immer verbieten. Statt es dir jedoch einfach immer zu nehmen, gönne es dir bewusst und genieße es dann auch dementsprechend.

- Nutze eine Einkaufsliste und hinterfrage dich kritisch, welche Lebensmittel du wirklich isst und welche regelmäßig im Müll landen. Du wirst erstaunt sein, wie viele Lebensmittel wir kaufen ohne sie zu essen.

- Erkundige dich bei Eltern, Freund*innen und Kommiliton*innen, welche Kosten auf dich zukommen. Oft ereilen uns Rechnungsforderungen, die wir gar nicht auf dem Schirm hatten. Plötzlich müssen Lehrmittel angeschafft werden, du verbrauchst zu viel Strom oder der Vermieter erhöht die Miete.

Die Finanzen im Blick zu haben, auch wenn es nur wenige zu den Lieblingsthemen zählen, schafft dir Beruhigung. Nichts kann so viele schlaflose Nächte und Bauchschmerzen bereiten wie die Angst vor den eigenen Finanzen und der Angst vor kommenden Rechnungen. Durch eine konsequente und regelmäßige Haushaltsplanung kannst du diese Angst deutlich reduzieren.

12. SHOPPINGLUST UND SHOPPINGFRUST

Einkaufen ist ein wichtiger Bestandteil des Lebens. Irgendwie müssen Brot und Toilettenpapier ja den Weg in deine Wohnung finden. Jedenfalls, wenn du kein Hauspersonal hast, wovon wir jetzt einmal nicht ausgehen.

Mit der Volljährigkeit kommt häufig auch das eigene Einkommen in Form von BAföG, Ausbildungsvergütung oder Berufseinkommen. Für die unter euch, die noch zur Schule gehen und keinem Aushilfsjob nachgehen, wartet das erste eigene Einkommen vielleicht noch ein wenig. Aber es kommt.

Damit nicht bereits am Fünften des Monats dein Geld verbraucht ist, während die Rechnungen Schlange stehen, solltest du dir einen Finanzplan erstellen. Keine Angst, dafür musst du kein Finanzexperte sein. Bei deinem Finanzplan (auch Haushaltsplan genannt) geht es darum, dass du deine Einnahmen und Ausnahmen auflistest. Je nach Vorliebe machst du das im guten alten Heft, benutzt ein Haushaltsbuch, eine App oder den PC. Wo du deinen Finanzplan erstellst, ist egal. Wichtig ist, dass du weißt, wo er ist und dass du ihn regelmäßig aktualisierst und fütterst. Mal eben Einnahmen und Ausgaben kurz notiert und dann beiseite geschoben bis sich die Spinnweben darüber ausbreiten, hilft weder dir noch deinem leeren Portemonnaie.

Nur, wenn du deine fixen Ein- und Ausnahmen kennst, kannst du mit deinem Geld planen (siehe Kapitel »Gib kein Geld aus, was du noch nicht hast.«). Sie im Kopf zu haben und zu denken »ich weiß eh, was ich noch auf dem Konto habe« klingt gut, funktioniert aber in der Regel nie. Da Versuche ja bekanntlich schlau machen, kannst du es natürlich probieren. Viele von uns probieren es sogar in gewissen Abständen immer mal wieder, um dann mit 20, mit 30 oder auch mit 50 Jahren festzustellen: doofe Idee. Gerade im Zeitalter des kontaktlosen Bezahlens verlierst du rasant den Überblick. Hinzu kommt, dass das kontaktlose Bezahlen meistens nicht kostenlos ist. So kommt zu dem Preis deines Einkaufs dann noch die Gebühr deiner Bank oder deines Bezahldienstes dazu. Leider stehen diese Gebühren nicht auf der Einkaufsrechnung. Wenn du Pech hast ereilen sie dich dann, wenn jene 20 Euro Bearbeitungsgebühr bei irgendeiner abzubuchenden Rechnung fehlen, deine Rechnung retour kommt und du eine Mahnung erhältst. Gerade bei knappem Einkommen hilft es, diese versteckten Kosten bereits im Vorfeld mit einzurechnen.

Das eigene Geld ist ein wichtiger Schritt ins Erwachsenenleben. Wer malt sich nicht aus, was er alles von seinem Geld kaufen wird. Aus dieser Shoppinglust kann allerdings schnell ein Shoppingfrust werden. Denn dein Einkommen dient primär nicht der Erfüllung von Shoppingträumen, sondern deinem Lebensunterhalt. Selbst wenn du noch bei deinen Eltern wohnst, kann es passieren, dass du dich an den Kosten beteiligen und einen Betrag für Lebensmittel, Wasser und Strom abgeben musst. Die Kosten für Lebensmittel sind aber nur ein Teil deiner festen Ausgaben (sogenannte Fixkosten). Hinzu kommen die Kosten für Miete, Wohnnebenkosten, Strom, Handy und Internet, Fernsehen (Netflix und Co.), Ausbildungskosten (z. B. Semesterbeitrag, Kopiergeld, Büchergeld, Fahrkosten) und – sofern vorhanden – Kosten für das Auto. Wenn du mit dem 25. Lebensjahr aus der Mitversicherung aus der Krankenkasse deiner Eltern herausfällst, kommen diese Kosten noch dazu. Ebenso wie Kosten für Versicherungen. Es summiert sich also einiges, was du mit deinem Einkommen bestreiten musst. Und je älter du wirst, umso mehr kommt hinzu. Denn deine Eltern können und werden dich nicht auf Dauer unterhalten. Natürlich reizen einige Menschen das Hotel Mama bis weit über das 30. Lebensjahr hinaus aus. Um auch dann nicht aus allen Wolken zu fallen, wenn die eigenen Finanzen an der Tür klingeln, sollte man sich aber beim Leben im Hotel Mama mit den eigenen Ein- und Ausnahmen beschäftigen.

Je nachdem wie deine Eltern mit dem Thema Geld umgehen und dich bisher einbezogen haben, wird es dir leichter oder schwerer fallen, nicht in einen Shoppingfrust zu verfallen. Vielleicht lernst du auch zum ersten Mal, dass auch Erwachsene hart und vor allem lang arbeiten müssen, um bestimmte Dinge zu kaufen. Oft hilft ein einfaches Rechenbeispiel, um das zu verdeutlichen:

Einmal angenommen, du verdienst den Mindestlohn von derzeit 9,35 Euro. Dann musst du sechs Stunden arbeiten, um dir eine Google Play Karte für 50 Euro leisten zu können. Folglich geht fast ein ganzer Arbeitstag für diese eine Karte drauf, die schnell verbraucht ist.

Selbst so gering wirkende Beträge wie immer mal 20 Euro oder 50 Euro für Einkaufswünsche, wollen erst verdient werden. Wenn du das im Hinterkopf behältst, wird es dir leichter fallen, auch bei kleineren Beträgen nicht frustriert zu sein und stattdessen den Einkauf zu verschieben.

Nicht selten bemerkt man dann, dass man das, was man unbedingt kaufen wollte, eigentlich gar nicht braucht.

13. GIB KEIN GELD AUS, WAS DU NOCH NICHT HAST

Über Shoppinglust und Shoppingfrust hast du bereits etwas im vorherigen Kapitel gelesen. Unser Einkaufsverhalten und Verlangen nach etwas bestimmten, kann uns schnell dazu verleiten, etwas zu kaufen, ohne dass wir das Geld dafür haben. Jetzt wirst du dir denken: Wie soll ich denn etwas kaufen ohne Geld?

Bei dieser Methode, die jede*r von uns irgendwann testet, geht es darum, dass man Geld verplant, was man noch nicht hat. Schauen wir uns das an einem Beispiel an:

Es ist der erste des Monats. Ben hat neben seiner Berufsausbildung seit sechs Monaten einen Minijob. Bisher hat er ziemlich feste Aushilfszeiten, sodass er jeden Monat 400 Euro verdient. Seine Freunde haben Ben gefragt, ob er mit ihnen verreisen möchte. Die Reise müsste bis zur Monatsmitte bezahlt werden. Beim Überschlagen seiner Finanzen, stellt Ben fest, dass er diesen Monat eigentlich kein Geld für eine spontane Reise hat. Das Geld, was er mit dem Minijob im letzten Monat erarbeitet hat, hat er leider schon ausgegeben. Aber das Geld aus diesem Monat kommt bereits am 25. des Monats. Wenn er mit diesem Geld seine am 30. fällige Rechnung bezahlt, könnte er jetzt mit dem zurückgelegten Rechnungsgeld die Reise bezahlen. Ein toller Plan, denkt sich Ben. Zwei Tage später bekommt er von seiner Chefin einen neuen Dienstplan. Da das Geschäft schlecht läuft, hat seine Chefin statt der vier geplanten Einsätze (à 8 h), braucht ihn seine Chefin diesen Monat nur für zwei Stunden.

Siehst du das Problem, was sich nun für Ben ergibt?

Er hat fest mit den 400 Euro gerechnet. Stattdessen bekommt er jedoch nur 20 Euro. Die Reise hat er bereits bezahlt und eine Stornierung ist nicht möglich. Jetzt fehlen ihm 320 Euro für die anstehende Rechnung.

Ein Betrag, der sich nicht einfach in Luft auslöst.

Bei aller Kalkulation und Planung, kannst du nicht vorhersehen, ob dein Plan aufgeht. Es gibt, gerade wenn es um Finanzen geht, zu viele Variablen, auf die du keinen Einfluss hast. Eigentlich feste Einkommen können von jetzt auf gleich wegbrechen.

Um ein Desaster wie Ben zu vermeiden, solltest du dein Geld erst verplanen, wenn du es hast. Natürlich darfst du dir eine Wunschliste anlegen mit den Dingen, die du gern kaufen möchtest. So lang das Geld dafür nicht auf deinem Konto ist und deine Fixkosten nicht alle bezahlt sind, sollte es bei einem Wunsch bleiben.

Für die Praxis ist es noch wichtig, dass du bei solchen Vorplanungen auch unregelmäßige Ausgaben einkalkulierst. Nicht selten scheitern Finanzplanungen daran, dass man vergessen hat die Zinsen des Dispo-Kredits, die Gebühren fürs Online-Banking oder den fälligen Semesterbeitrag einzuplanen.

14. GRÜßE VOM FINANZAMT

Auf wenige Dinge kannst du dich so sehr verlassen wie auf die Post vom Finanzamt. Ob du sie magst oder nicht, ob dir Steuern gefallen oder nicht: es gibt keinen Ausweg. Schauen wir uns also die trockene Theorie der Steuern an.

Steuern erhebt der Staat auf deine Einkünfte, die du beispielsweise aus nicht selbstständiger Arbeit, selbstständiger Arbeit, freiberuflicher Tätigkeit, Gewerbebetreibung, Vermietungen, Erbschaft oder Kapitaleinkünfte erzielst.[141]

Damit niemand durchs Finanzamtsraster fällt, erhalten alle in Deutschland Tätigen eine steuerliche Identifikationsnummer. Hast du deine beim x-ten Umzug verloren oder hat sie tatsächlich dein Hund gefressen, kannst du deine steuerliche Identifikationsnummer beim Bundeszentralamt für Steuern mit einem Antrag erfragen.

Am wichtigsten für dich mit dem Eintritt in die Ausbildung und das Berufsleben ist die Einkommenssteuer. Diese wird durch das Einkommenssteuergesetz (EStG) geregelt. Bist du bei einem einzigen Arbeitnehmer angestellt, welcher Lohnsteuern für dich abführt, hast du nur unter bestimmten Bedingungen die Pflicht eine Steuererklärung abzugeben (§46 EStG). Hierzu gehören beispielsweise[142]

- Nebeneinkünfte über 410 Euro pro Jahr, von denen keine Lohnsteuer gezahlt wird
- Lohnzahlungen von mehreren Arbeitgebern (z.B. mehrere parallele Jobs während der Ausbildung)
- Steuerklasse V oder VI bei Ehepartner*innen
- Lohnersatz (z.B. Krankengeld, Elterngeld) über 410 Euro pro Jahr
- Abfindungen
- ausländischer Wohnsitz mit unbeschränkter Steuerpflicht in Deutschland

Die Höhe deiner Steuern (Lohnsteuer, Kirchensteuer) aus einer nicht selbstständigen Arbeit (Angestelltenverhältnis) richtet sich nach deiner Lohnsteuerklasse.[143] In Deutschland existieren insgesamt 6 Steuerklassen.

Eng verbunden mit der Steuer ist die Steuererklärung. Hierbei handelt es sich um eine jährliche Erklärung über alle deine Einkünfte, die du innerhalb des jeweiligen Jahres erzielt hast. Die Steuererklärung wird dem Finanzamt vorgelegt. Anhand dieser Angaben wird die Höhe der Steuern festgelegt, die das Finanzamt von dir bekommt.

Ob du eine Steuererklärung machen musst, ist von mehreren Punkten abhängig, die aufgrund des Umfangs hier nicht alle ausführlich erläutert werden können.

Startest du eine Berufsausbildung, so gilt deine Ausbildungsvergütung als Einkunft aus nicht selbstständiger Tätigkeit.[144] Auf deine Ausbildungsvergütung wird von deinem Arbeitgeber (Ausbilder) Steuern an das Finanzamt abgeführt. Damit verbunden ist, dass du für jedes Jahr eine Jahressteuerbescheinigung von deinem Arbeitgeber. Entscheidend für das Abführen der Steuer ist die Höhe deiner Ausbildungsvergütung. Bist du unverheiratet und hast die Steuerklasse I, kannst du pro Monat 975 Euro brutto verdienen, ohne dafür Steuern zahlen zu müssen.

Als Student*in bist du dann von der Steuerzahlung befreit, wenn dein Einkommen (sofern du eins hast), den Grundfreibetrag nicht übersteigt. Aktuell beträgt dieser 9408 Euro pro Jahr.[145] Beachten musst du Einkünfte aus Nebenjobs, selbstständigen oder freiberuflichen Tätigkeiten, Einkünften bei einem dualen Studium oder einem berufsbegleitenden Studium, Einkünfte aus Praktika Miteinnahmen und Kapitaleinnahmen (das gibt es ja durchaus auch bei jungen Erwachsenen). Eine Steuerbefreiung liegt hier nur dann vor, wenn die Einkünfte aus deinem Nebenjob 450 Euro pro Monat nicht überschreiten. Hast du mehrere Nebenjobs, summieren sich die Einkünfte. Liegen diese pro Monat bei 450,01 Euro, bist du auch als Student mit einem oder mehreren Nebenjobs steuerpflichtig.

Liegt bei dir keine Pflichtveranlagung, das heißt eine gesetzliche Steuererklärungspflicht vor, kannst du dennoch freiwillig eine Steuererklärung machen. In diesem Fall spricht man von einer Antragsveranlagung. Sinnvoll ist eine solche freiwillige Steuererklärung, wenn sich eine potenzielle Steuerrückzahlung abzeichnet. Denn während der Staat Steuern von dir erhebt, kannst du auch als Auszubildender verschiedene Ausgaben (z. B. Fahrtkosten, Ausbildungskosten, Studienkosten, Gewerkschaftsbeiträge) geltend machen.[146, 147] Diese führen dazu, dass du mitunter einen Teil deiner gezahlten Steuern vom Staat zurückbekommst. Je nach Ergebnis deiner Steuererklärung kannst du Geld also vom Finanzamt erhalten (Steuerrückzahlung) oder du musst dem Finanzamt Steuern nachzahlen (Steuernachzahlung).

Für Fragen kannst du dich an dein zuständiges Finanzamt (da arbeiten tatsächlich auskunftsfreudige Mitarbeiter*innen), einen Steuerberater, einen Lohnsteuerhilfeverein oder andere Vereine (z. B. Caritas, Arbeiterwohlfahrt) wenden. Da Auskünfte nicht immer kostenlos sind, solltest du vor einer konkreten Anfrage die Preise für eine Auskunft erfragen. So vermeidest du aus allen Wolken zu fallen, wenn dich plötzlich eine Rechnung über die Beratungsleistung erreicht.

Die Abgabe der Steuererklärung ist an Fristen gebunden. Normalerweise wird die Steuererklärung für das Vorjahr bis zum 31. Juli des laufenden Jahres beim Finanzamt eingereicht. Eine größere Frist hast du, wenn die Steuererklärung über einen Steuerberater oder einen Lohnsteuerhilfeverein erfolgt. In diesem Fall ist der Abgabetermin für das zurückliegende Jahr am 28. Februar des übernächsten Jahres.[148] Zum besseren Verständnis:

- Steuererklärung 2020 in Eigenregie: Abgabe bis 31.07.2021
- Steuererklärung mit Steuerberater/ Lohnsteuerhilfeverein: Abgabe bis 28.02.2022

Das für dich zuständige Finanzamt ergibt sich aus deinem Erstwohnsitz.

Hast du bei der Erstellung deiner Steuererklärung, egal ob in Eigenregie oder unter Zuhilfenahme eines Lohnsteuerhilfevereins oder eines Steuerberaters, einen Plusbetrag erzielt, den du vom Finanzamt zurückbekommst, kann dieser vom Betrag abweichen, den das Finanzamt ermittelt.

Selten ergeben sich deckungsgleiche Beträge. Weicht die Berechnung des Finanzamtes stark von deinen Vorberechnungen ab, kannst du Widerspruch gegen den Steuerbescheid einlegen.

Wichtig für das eigene Nervenkostüm ist es darüber hinaus, dass du deine potenzielle Steuerrückzahlung noch nicht verplanst. Denn während das Finanzamt schnell beim Eintreiben ausstehender Steuernachzahlungen ist, können viele Monate ins Land gehen bis du eine Steuerrückzahlung vom Finanzamt erhältst. Mit diesem Geld kannst du erst haushalten, wenn es auf deinem Konto eingetroffen ist.

15. FALLSTRICK 1: DAS DÜNNE EIS DER SCHWARZARBEIT

Beim Thema Schwarzarbeit denkt man an zuerst an bar bezahlte Bauarbeiter, die in zwielichtigen Baracken hausen und verschwinden, sobald der Zoll die Baustelle kontrolliert. Das entspricht in etwa dem Bild von Schwarzarbeit, was uns in Medien und Filmen präsentiert wird. Dabei rutscht man schneller in die Schwarzarbeit als einem lieb ist – und das zumeist noch, ohne es zu ahnen. Denn die/ der typische Schwarzarbeiter*in auf dem Bau ist nur eine Form im großen Pool der Schwarzarbeit. Auch durch Tätigkeiten wie Babysitten, Putztätigkeiten, Nachbarschaftshilfe, Zeitungsaustragen oder das Erledigen von Aufgaben für Vorgesetzt*innen, kannst du unter die Kategorie Schwarzarbeiter*in fallen. Problematisch hierbei ist: Auch wenn du dir nicht bewusst bist, dass du Schwarzarbeit leistest, trägst du für die rechtlichen Konsequenzen.[149]

Das Schwarzarbeiterbekämpfungsgesetz (SchwarzArbG), welches 2004 in Deutschland in Kraft trat, definiert nach § 1 Abs. 2 SchwarzArbG Schwarzarbeit als Werk- und Dienstleistungen, bei denen

- die sozialversicherungspflichtigen Melde-, Beitrags- und Aufzeichnungspflichten nicht erfüllt sind,
- die steuerlichen Pflichten nicht erfüllt sind,
- die Mitteilungspflichten gegenüber Sozialleistungsträgern nicht erfüllt sind,
- die Anzeige des selbstständigen Betriebes eines stehenden Gewerbes vor Arbeitsbeginn nicht erfolgte (§ 14 Gewerbeordnung),
- die erforderliche Reisegewerbekarte nicht vorliegt (§ 55 Gewerbeordnung),

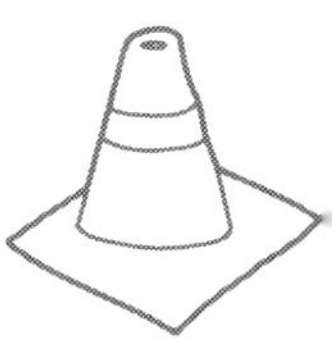

- die Handwerkerrolle (§ 1 Handwerksordnung) nicht eingetragen wurde, obwohl durch die Tätigkeit ein zulassungspflichtiges Handwerk als stehendes Gewerbe selbständig betrieben wird und/ oder
- eine illegale Beschäftigung vorliegt.[150]

Möchtest du nun deinen Nachbarn helfen und bekommst dafür ein geringes Entgelt, regelt das SchwarzArbG, in welchem Rahmen das für dich erlaubt ist. Ausschlaggebend ist hier die nachhaltige Gewinnerzielung. Liegt diese vor, sind deine Einkünfte meldepflichtig (Finanzamt, Sozialversicherung, Sozialleistungsträger, Gewerbe- und Handwerkskammer). Erhältst du hingegen für deine Arbeit eine Vergütung ohne diese von deinen Nachbar*innen eingefordert zu haben oder gibst du deiner/ deinem Freund*in ein geringes Entgelt für die Leistung (z.B. die Reparatur deines Tablets, das Kürzen deiner Hosen), unterliegt dieses Entgelt nicht der Schwarzarbeit. Spoiler: Wird die Vergütung vorher vereinbart und/ oder liegt diese höher als die Materialkosten, besteht der Vorwurf der Schwarzarbeit. Hier haben die entsprechenden Behörden das letzte Wort, ob es sich im entsprechenden Fall um Schwarzarbeit handelt. Bei den beschriebenen Gefälligkeitsleistungen wird in der Regel nach Einzelfall entschieden, damit alle Faktoren (z.B. Entgelthöhe, vereinbartes Entgelt) berücksichtigt werden können.[151]

Auf der sicheren Seite bist du, wenn du dich vor einer Tätigkeit darüber informierst, ob du unter die Melde-, Steuer- und Sozialversicherungspflicht fällst.

16. FALLSTRICK 2: MINIJOB AM CHEF VORBEI

Eine Minijob ist definiert als geringfügige Beschäftigung, deren monatliches Arbeitsentgelt die Grenze von 450 Euro nicht überschreitet.[152] Minijobs sind eine praktische Möglichkeit, die eigene Finanzlage zu verbessern. Noch dazu kann man Erfahrungen sammeln, die für die späteren Berufswege wichtig sein können. Trotzdem solltest du dich davor hüten, einfach loszuziehen und einen Minijob zu starten. Insbesondere, wenn du bereits in einem Berufs- oder Ausbildungsverhältnis stehst oder du Sozialleistungen beziehst. Hier kann der vermeintliche Minijob schnell zu Problemen führen, die man besser vermieden hätte. Im schlimmsten Fall kommt es zu Kürzungen von Lohn- und Sozialleistungen.

Wie jeder andere Job auch, unterliegt auch der Minijob dem Recht zur freien Berufsausübung gemäß Artikel 12 des Grundgesetztes (GG) .[153]

Je nach Gestaltung deines Arbeits- und Ausbildungsvertrages kann es jedoch notwendig sein, dass du deine Arbeitgeber*innen über den Minijob informieren musst.[154] In der Praxis wird das als Nebentätigkeitsklausel bezeichnet, die in den meisten Arbeitsverträgen enthalten ist. Mit dieser Klausel verbunden ist, dass dein Arbeitnehmer deiner Nebentätigkeit im Minijob zustimmen muss und diese auch verbieten kann.

Spoiler: Arbeitgeber*innen können aufgrund der Nebentätigkeitsklausel auch unentgeltliche Nebentätigkeiten (z.B. Ehrenämter, Freiwilligendienste, Mitarbeit beim Deutschen Roten Kreuz oder der Freiwilligen Feuerwehr) ablehnen.[155]

Eine Ablehnung seitens er Arbeitgeber*innen setzt jedoch voraus, dass du durch deinen Minijob die Interessen der Arbeitgeber*innen gefährdest. Was so juristisch klingt liegt in der Praxis beispielsweise vor,

- wenn sich bei deiner/ deinem Arbeitgeber*in deine Dienstzeiten spontan ändern und du dennoch verfügbar sein musst (z.B. durch Krankheitsausfall von Kolleg*innen oder durch einen unkalkulierbaren Umfang an Arbeitsaufträgen),
- wenn du durch den Minijob deine erlaubte Gesamtarbeitszahl überschreitest (siehe §3 Arbeitszeitgesetz),
- wenn du durch den Minijob vorgeschriebene Ruhezeiten nicht einhalten kannst (siehe §3 Arbeitszeitgesetz),
- wenn deine Arbeitsleistung und Arbeitsfähigkeit in deinem Hauptjob unter dem Minijob leiden,
- wenn dein gesamter Urlaub nicht der Erholung, sondern dem Minijob dient (§8 des Bundesurlaubsgesetzes),
- wenn du bei deiner/ deinem Arbeitgeber*in krankgemeldet bist, aber deinem Minijob nachgehst,
- wenn du den Minijob in einem Konkurrenzunternehmen absolvierst.

Eine Tätigkeit bei einem Konkurrenzunternehmen kann sogar eine außerordentliche Kündigung für dich nach sich ziehen.

17. FAMILIE UND FREUNDE VERÄNDERN SICH – ODER WIE LOSLASSEN GELINGT

Ebenso wie du dich entwickelst, entfalten sich auch die Menschen um dich herum. Das betrifft nicht nur deine Freunde im selben Alter, sondern auch deine Familie und deine Bekannten. Gerade wenn man den Meilenstein der Volljährigkeit hinter sich gebracht hat und die ersten großen Veränderungen wie der Start der Berufsausbildung, der Umzug in die ersten eigenen vier Wände, die Reise in unbekannte Länder oder das erste eigene Auto anstehen, verändern sich Menschen. Du verlierst zunehmend den Status des Jugendlichen und wirst immer mehr zum Erwachsenen. Natürlich gibt es keine Deadline, bis wann man erwachsen sein muss. Die meisten fühlen sich auch mit 30 oder 40 Jahren noch nicht wirklich erwachsen. Von außen betrachtet benehmen und verhalten sie sich in der Regel aber erwachsen.

Die Veränderungen deines Umfeldes, können unterschiedlich stark ausgeprägt sein. Schauen wir uns einmal deine Beziehung zu deinen Eltern an. Natürlich wirst du für deine Eltern immer das Kind bleiben. Dabei ist es völlig unerheblich ob du jetzt gerade volljährig geworden bist oder ob du schon 65 bist. Dennoch wird diese Beziehung, sofern sie eine gesunde sich entwickelnde Beziehung ist, zunehmend durch dein Erwachsensein geprägt werden. Das bedeutet, dass du deinen Eltern auch als Erwachsener gegenüber trittst und für deine Grenzen und deine Einstellungen eintreten musst. Du musst nicht mehr die Einstellungen und Werte deiner Eltern vertreten. Es ist an ihnen sich damit auseinanderzusetzen, inwieweit sie mit deinen sich entwickelnden Werten und Einstellungen klar kommen oder nicht. Doch selbst wenn deine Eltern ein Problem mit deinen Einstellungen, Werten und deinem Lebenskonzept haben, haben sie kein Recht dazu, dich zu einer Änderung zu zwingen. In der Regel übersteht die Beziehung zu den Eltern diese Konfrontationen relativ unbeschadet. Allerdings gibt es auch hier keine Erfolgsgarantie. Eltern können durchaus in ihrer eigenen Entwicklung stecken bleiben und auch für die nächsten Jahre und Jahrzehnte versuchen, dein Leben zu bestimmen und für dein Leben zu entscheiden. Hier musst du für dich einen Weg finden, damit umzugehen. Wenn die einzige Möglichkeit darin besteht, sich von der Familie zu distanzieren, dann ist das völlig in Ordnung. Denn auch eine Familie kann, wenn sie deine eigene Entwicklung nicht toleriert, negative Konsequenzen für dich, deine Gesundheit und dein seelisches Wohlbefinden haben und dich sogar krank machen. Manchmal hilft in diesen Fällen durchaus eine kurze Pause, nach welcher man sich wieder langsam annähert. Aber selbst dazu bist du nicht verpflichtet. Die Gedanken »aber dann wäre ich allein und ohne Familie kann ich nicht leben«, die man häufig dabei hat, sind sehr nachvollziehbar. In der Praxis leben aber unzählige Menschen ohne ihre Familie.

Oft wirst du den Spruch hören, dass man sich seine Familie durch Freunde selbst suchen kann. Das ist durchaus richtig. Die klassischen familiären Strukturen können durch die Freundschaften jedoch nicht bzw. nur begrenzt ersetzt werden, da die Beziehungsmuster in Freundschaften völlig andere sind. Während ein Freund die Beziehung jederzeit beenden kann, sind familiäre Interaktionen durch stärkere Bande miteinander verknüpft. Je nach Familienkonstellation werden hier stärkerer Konflikte besser überstanden als in einer nicht familiären Beziehung. Nichtsdestotrotz gelingt ein glückliches und zufriedenes Leben auch nach Loslösung der Familie.

Ähnlich mit der Loslösung der Familie verhält es sich mit der Loslösung von Freund*innen und Bekannten. Selbst engste Freund*innen, die dich bis zum Schulabschluss begleitet haben, gehen hinterher ihre eigenen Wege. Es gibt keine Statistiken darüber, ob und wie lange Schulfreundschaften halten. Ob entsprechende Freundschaften weitergehen, hängt in starkem Maße davon ab, in welche Richtungen ihr euch entwickelt und vor allem, wo euch die berufliche Ausbildungen hin treibt. Gerade große Distanzen erschweren das intensive Kontakthalten zu Freund*innen aus der Schulzeit. Wenn ihr nicht beide viel investiert, um die Freundschaft aufrecht zu erhalten, wird sie entweder im Sand verlaufen oder eher zu einer losen Bekanntschaft werden. Darüber hinaus prägen dich auch deine Erfahrungen in der Ausbildung und der Berufswelt verbunden mit den Erfahrungen deines neuen sozialen Umfelds. Wenn sich diese zwischen dir und deinen Freund*innen deutlich unterscheiden, kann es passieren, dass ihr nur noch wenige Gemeinsamkeiten findet. Da stellt man z. B. bei einem Treffen plötzlich fest, wie krampfhaft man nach einem Gesprächsthema sucht und keines findet. Das liegt dann weder an dir noch an deinen Freund*innen, sondern einfach an den verschiedenen Entwicklungsrichtungen, die ihr eingeschlagen habt. Besonders deutlich wird das, wenn Freunde plötzlich Eltern werden. Dann ist die Schwangerschaft ebenso ein sehr zentrales Thema wie Neugeborene und Kleinkinder. In dieser Zeit brechen relativ viele Freundschaften auseinander (unabhängig davon ob es sich um Schulfreundschaften handelt). Denn es ist für die Kinderlosen ziemlich schwierig auszuhalten, wenn sich über Monate und Jahre hinweg Gespräche nur um Schwangerschaft und Kinderversorgung drehen. Hier leben junge Eltern stark in ihrer eigenen Blase, die alle Personen ausgrenzt, die keine eigenen Kinder haben. In der Regel ist das keine mutwillige Absicht, sondern eine Fokussierung von Ressourcen. Für die Ausgeschlossenen kann das jedoch ein sehr schmerzvoller Prozess sein. Je nach Intensität eurer Freundschaft kannst du dich entscheiden, ob du an der Freundschaft festhältst und dieses Ausgegrenztsein für die nächsten Monate und Jahre einfach annimmst. Oder ob du die Freundschaft beendest oder im Sand verlaufen lässt. Ein optimales Vorgehen gibt es hier nicht. Es entscheidet vielmehr wie eure Beziehung sich vorher gestaltete und wie sie sich auch im Weiteren gestaltet. Bei den meisten Schuldfreundschaften regelt das der Alltag von allein.

Zeitmangel und große Distanzen führen automatisch zu weniger Kontakt bis dieser irgendwann komplett einschläft.

Dieses Loslassen ist ein wichtiger Teil der Entwicklung, der insbesondere mit der Volljährigkeit und den ersten Jahren danach auftritt. Dabei ist es letztlich nur ein Vorgeschmack auf die vielen Prozesse des Loslassens, die dich in deinem weiteren Leben begleiten werden. Denn jeder Umzug, sei es berufs- oder familiärbedingt, macht ein neues Loslassen notwendig. Solche Prozesse können durchaus sehr schmerzhaft sein und auch körperlich als schmerzhaft empfunden werden. Sie sind jedoch nicht von Dauer. Es handelt sich hierbei um Trauerprozesse, die verarbeitet und integriert werden wollen. Nach einer gewissen Zeit hat haben Körper und Seele diesen Prozess überstanden und du wirst dich schmerzfrei und mit neuem Schwung neuen Freundschaften und Bekanntschaften widmen können.

18. DER MAINSTREAM HAT NICHT IMMER RECHT

Mainstream ist ein geflügeltes Wort, was dich mit der Volljährigkeit häufig begleiten wird: vor allem wenn es um die Ausbildung und dein Berufsleben sowie die Planung deines Lebenskonzeptes geht. Wie bereits schon häufig in diesem Ratgeber erwähnt, wird dein Umfeld einen hohen Einfluss auf dich ausüben. Niemand von uns kann sich diesem Einfluss entziehen. Denn unsere eigene Entwicklung vollzieht sich auch daran, dass wir uns selbst mit anderen vergleichen. Hier nicht im Kontext vom Nachbarn mit dem grüneren Gras, sondern im Kontext der Evaluation der eigenen Verhaltensweisen, Werte und Vorstellungen. Sich derer bewusst zu werden und diese zu entwickeln dafür bedarf es eines Gegenübers, an dem wir unsere Werte und Vorstellungen abgleichen können. Nur so können wir zu der Entscheidung kommen, ob unsere Werte und Vorstellungen für uns stimmig sind oder nicht. Zumal das Gegenüber, wenn es eben dieselben Werte und Vorstellungen vertritt, für uns ein praktisches Anschauungsobjekt darstellt. Gefällt dir nicht, was du im Gegenüber siehst, solltest du deine eigenen Werte und Vorstellungen dahingehend überprüfen wie stark sie mit denen deines Gegenübers übereinstimmen. Dieser Abgleich, der hier stattfindet, ist jedoch nicht das was mit Mainstream bezeichnet wird. Zum Mainstream kommt es dann, wenn die Reflexion ausbleibt. Das heißt, dein Bestreben ist darauf ausgerichtet zu sein wie dein Gegenüber. Unabhängig davon, ob es mit deinen eigenen Werten und Ansichten übereinstimmt.

Mainstream lässt sich also am besten mit einem Herdenverhalten vergleichen. Je mehr Menschen um dich herum ein bestimmtes Verhalten zeigen oder bestimmte Wertvorstellungen haben, umso stärker wird sich in dir das Bedürfnis entwickeln, dieselben Werte und Verhaltensweisen an den Tag zu legen. Evolutionsbiologisch lässt sich das darauf zurückführen, dass der Mensch danach strebt, einer Gruppe anzugehören. In diesem Fall ist die Gruppe der Mainstream. Im Alltag finden sich solche Mainstream-Phänomene vor allem, wenn es um Kleidung oder Konsumgüter geht, die gerade en vogue sind. Fangen Prominente beispielsweise an ihre Unterwäsche über der Kleidung zu tragen und wird es von den Medien in solch einem Maße aufgegriffen, das Influencer und Medien diesen Kleidungsstil propagieren, so entwickelt sich daraus ein Mainstream. Plötzlich siehst du dich umgeben von Bildern und Menschen in deinem Umfeld oder in Hochglanzmagazinen, die diesem Kleidungsstil folgen. Von hübsch war keine Rede. Aus Sicht des Herdenverhaltens würdest du dich jetzt ebenso kleiden. Dann würdest du den Mainstream unreflektiert folgen. Im günstigsten Fall überlegst du dir ob z. B. dieser Kleidungsstil wirklich zu dir passt, ob er dir gefällt und ob er zu deinen eigenen Vorstellungen und Bedürfnissen passt. Denn – und das ist wichtig: Der Mainstream hat nicht automatisch recht. Nur weil die große Masse etwas Bestimmtem hinterherrennt, muss das nicht das Richtige sein. Und es muss auch nicht das sein was, zu dir und deiner individuellen Persönlichkeit passt. Denn Mainstream ist genau das Gegenteil von Individualität. Mainstream bedeutet eine Gleichheit in bestimmten Aspekten. Im übersteigerten Fall wird daraus eine Strömung, die gefährlich werden kann. Negativer Mainstream findet sich beispielsweise bei Verschwörungstheoretikern, Schwurblern und doktrinierenden Menschen. Also bei Menschen, die keine anderen Meinungen gelten lassen. Das können auch die veganlebenden Freund*innen sein, die dich bei jedem Treffen mit einem schlechten Gewissen bekehren und belehren wollen.

Mit dem Erreichen der Volljährigkeit stehst du dir und deinem Umfeld gegenüber in der Verantwortung, jeden Mainstream kritisch zu hinterfragen. Hinterherrennen ist einfach. Das können Hunde auch. Es ist aber leider auch gefährlich. Sowohl für dich als auch für andere Menschen. Außerdem kannst du dich – da du jetzt erwachsen bist – hinterher nicht damit rausreden, dass du das alles ja nicht gewusst hast. Dein Bonus als Kind erlischt mit der Volljährigkeit. Aus diesem Grund ist es sinnvoll jeden Mainstream und jeden Hype, egal in welchem Bereich er auftritt, zu prüfen, kritisch zu hinterfragen und erst nach Sammlung objektiver Informationen (Spoiler: Facebook und die Bildzeitung sind keine objektive Informationsquelle) darüber zu entscheiden ob du dich dem Mainstream anschließt oder nicht. Niemals ist es ein Muss einem Mainstream zu folgen. Individuell zu leben ist immer die bessere Alternative!

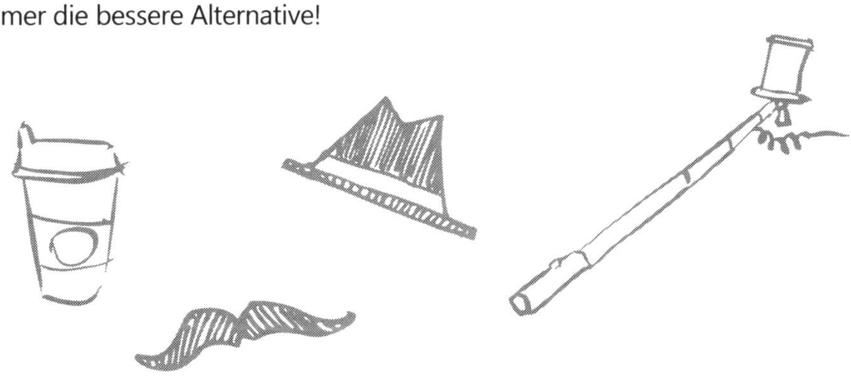

19. VERHALTE DICH WIE EIN ERWACHSENER, WENN DU SO BEHANDELT WERDEN WILLST

Sich wie ein Erwachsener zu verhalten setzt das Wissen voraus, wie so ein Verhalten in der Praxis aussieht. Darüber haben sich schon seit Jahrhunderten Philosophen, Gelehrte und Theologen den Kopf zerbrochen. Eine gültige Aussage gibt es jedoch nicht. Insbesondere, weil die Kriterien, die einen Erwachsenen auszeichnen, von zahlreichen Faktoren beeinflusst werden. Hierzu zählen Beispiel die spirituellen und politischen Wertvorstellungen deiner Herkunftsfamilie oder die Vorstellungen, die sich aus deinem Wohnumfeld ergeben. Was den meisten Ansichten zum Erwachsensein gemeinsam ist, ist sicherlich die Tatsache, dass man einem Erwachsenen unterstellt vernünftig zu sein. Hierbei ist nicht gemeint, dass du nicht mehr unvernünftig sein darfst und dich nicht wie ein Kind über ein Bad im Bällebad freuen darfst. Unvernünftig bedeutet in diesem Fall, dass du Risiken eingehst, obwohl du weißt, dass eine Aktion mit einem hohen Risiko verbunden ist. Furchtbar theoretisch, nicht wahr?! Schauen wir uns einzelne Beispiele an, wo in der Praxis die Vernunft erwachsener Menschen aussetzt:

1. Erwachsene überschreiten in Naturschutzgebieten die vorgegebenen Wege, trampeln unkontrolliert durch die Natur und zerstören wichtige Biotope für ein perfektes Selfie.

2. Trotz der jährlichen Badeunfälle mit tödlichem Ausgang überschätzen Erwachsene die Gefahren eines Bades in großen Fließgewässern. Dabei zeigen viele Studien, dass selbst geübte Schwimmer in Flüssen wie dem Rhein kaum eine Chance haben, dort lebend herauszukommen. Wenn du nun also kein super durchtrainierter Leistungsschwimmer bist, wäre ein Schwimmausflug im Rhein also fern jeglicher Vernunft des Erwachsenen.

3. Ebenso unvernünftig für einen Erwachsenen wäre riskantes Verhalten im Straßenverkehr, im Konsum von Alkohol, Drogen und Zigaretten oder im Umgang mit Feuerwerkskörpern.

4. Unter diesen Punkt fallen alle illegalen Dinge, von denen du als Erwachsener weißt, dass sie illegal sind. Mit der Volljährigkeit ist

es kein Kavaliersdelikt mehr das Eigentum fremder Menschen zu beschädigen. Ebenso wenig wie das Tierwohl zu gefährden. Beide Aspekte kommen relativ häufig vor.

Wie du dich verhältst hat einen hohen Einfluss darauf, wie du von anderen wahrgenommen wirst. Ebenso beeinflusst es, wie die anderen sich dir gegenüber verhalten. Legst du beispielsweise ein unreifes kindisches Verhalten an den Tag, ist es unwahrscheinlich, dass dich dein Chef mit einer verantwortungsvollen Aufgabe betrauen wird. Gleiches gilt in der Ausbildung, wenn deine Vorgesetzten dir aufgrund deines Verhaltens zu wenig zutrauen und du dir so selbst die Möglichkeit verbaust wertvolle Erfahrungen in der Ausbildung zu sammeln. Wenn du also möchtest, dass dein Umfeld dich wie einen Erwachsenen behandelt, ist es notwendig, sich auch wie ein Erwachsener zu benehmen. Natürlich darfst du in deiner Freizeit auch einmal über die Stränge schlagen oder unvernünftige Dinge tun. Sie sollten jedoch immer im rechtlichen Rahmen bleiben und weder Dich noch andere in Gefahr bringen.

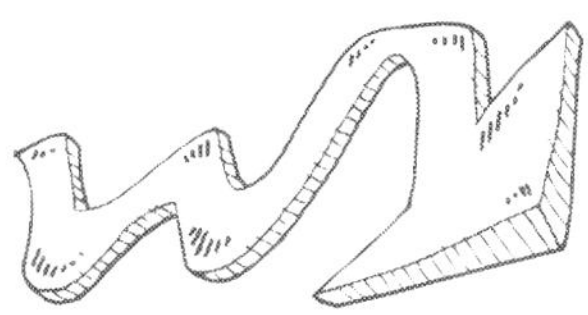

20. WO STEHE ICH – ODER WIE MAN DIE SCHIEFE BAHN WIEDER VERLASSEN KANN

Auch wenn die meisten von uns durchs Leben kommen, ohne auf die berühmt berüchtigte schiefe Bahn zu geraten, kann das schneller passieren als du denkst. Vor einer kriminellen Karriere schützen weder eine gute Ausbildung noch ein behütetes Elternhaus. Zwar verringern sie das Risiko, dass jemand dort landet. Sie sind aber keine Garanten dafür, dass es nicht dennoch passiert. Häufig denkt man bei schiefer Bahn an so richtig harte kriminelle Frauen und Männer, deren ganzes Leben von Gewalt, Kriminalität und Vernachlässigung geprägt ist. Dabei können auch eine plötzliche Hochverschuldung, eine Erkrankung mit Verlust der beruflichen und sozialen Einbindungen, das Versagen in den von Familie und Freund*innen vorgelebten Zielen, oder ein Todesfall das Leben derart durchrütteln, dass man in kriminelle Sphären abrutscht.[156] Plötzlich finden sich junge Erwachsene auf der schiefen Bahn, was sich in einer hohen Jugendkriminalität widerspiegelt.[157, 158]

WICHTIG DABEI IST: man kann eine schiefe Bahn auch wieder verlassen. Das ist nicht immer ganz einfach und durchaus ein kräftezehrendes Mammutprojekt. Aber es ist möglich.

Schiefe Bahn bedeutet umgangssprachlich, mit dem Gesetz in Konflikt zu kommen. Auf dem Höhepunkt stünde dann der Gefängnisaufenthalt in einer der vielen Justizvollzugsanstalten (JVA) in Deutschland oder anderswo. Straffällig kann man ja nicht nur in Deutschland werden. Auch im Ausland besteht dieses Risiko. Aufgrund der dort oft strengeren Gesetze, landete schon manch eine*r schneller im Gefängnis als ihr/ ihm lieb war. Gerade restriktive und strenge Alkohol-, Raserei- und Prostitutionsgesetze in den USA führen auch bei Urlaubern zu einer unfreiwilligen Bekanntschaft mit amerikanischen Gefängnissen. Dort zu sitzen und auf die Kaution oder die Verhandlung zu warten, lohnt sich nicht einmal als spätere Familienanekdote. Denn solche Erfahrungen prägen dich für dein ganzes Leben:

- Sie werden dir bei jeder Bewerbung um einen Job, eine Ausbildung und einen Studienplatz auf die Füße fallen.
- Die Gesellschaft macht es dir nicht leicht, auch wenn du die schiefe Bahn hinter dir gelassen hast. Dieser Ausflug in die Kriminalität wird dich wie ein Brandmal für den Rest deines Lebens begleiten.
- Sie führen zu dauerhaften Einreiseverboten in bestimmte Länder.

Je nach Erlebnis kann es sich negativ auf deine seelische Gesundheit auswirken (Stichwort: posttraumatische Belastungsstörung, Alkoholismus).

Es kann negative körperliche Folgen nach sich ziehen (Missbrauch und körperliche Gewalt finden trotz positiver Image-Presse in allen Gefängnissen statt).

Je nachdem, an welchem Punkt der schiefen Bahn du dich befindest, gibt es unterschiedliche Hilfsangebote[159]:

- Hilfsangebote freier Träger (z. B. Caritas, Vereine, Selbsthilfegruppen. Wohlfahrtsverbände)

- Kinder- und Jugendhilfe (hier gibt es Ansprechpartner auch für junge Erwachsene)

- Straffälligenhilfe e. V.

Die Initiative muss in allen Fällen von dir ausgehen. Nur, wenn du wirklich etwas ändern möchtest, wird es zu einer positiven Veränderung kommen. Diese Veränderung kann niemand für dich übernehmen. Und mit der Volljährigkeit kannst du die Verantwortung für dein Handeln auch nicht auf Eltern und Co. abwenden. Denn auch, wenn deine familiären Vorbedingungen schlecht waren: Sie entschuldigen nicht, wo du gelandet bist. Auch wenn das für viele hart klingen mag: Ein gewalttätiges Elternhaus ist keine Entschuldigung dafür, kriminell oder gewalttätig zu werden. Das belegen die unzähligen Beispiele von Menschen, die trotz schwerer Startbedingungen nicht straffällig geworden sind. Findest du dich also auf der schiefen Bahn wieder, besteht der erste Schritt darin, dass du die Verantwortung dafür übernimmst. Der zweite liegt in der Hilfesuche. Und der dritte in deiner Eigenarbeit, um da wieder rauszukommen.

Einen Ausweg gibt es immer. Auch wenn du dafür mehrere Anläufe brauchst. Denn gerade bei jungen Erwachsenen, die auf die schiefe Bahn gekommen sind, gehen Hilfen und Gerichte davon aus, dass noch nicht alles verloren ist.[160] Deine Chancen stehen also gut, die richtige Unterstützung und eine neue Chance zu erhalten. Oder auch zwei oder drei ...

21. NIMM DICH SELBST ERNST

Sich selbst ernst nehmen bedeutet, auf den eigenen Körper und seine Signale zu hören. Dafür ist es notwendig, sich Zeit zu nehmen und sich mit sich selbst auseinanderzusetzen. Wenn du in der Lage bist, auf deinen Körper und dessen Signale zu hören, wirst du relativ schnell erkennen, ob eine Situation, eine Person oder eine Aufgabe dir schaden können oder nicht. Wir Menschen neigen schnell dazu, unseren Körper zu überhören. Das beste Beispiel dafür ist, dass wir in Beziehungen bleiben, die uns nicht guttun. Oder dass wir in der Ausbildung über die Arbeitszeiten hinaus arbeiten, obwohl wir zunehmend erschöpft sind und uns jeder Muskel wehtut. Da lernst du Muskeln kennen, von deren Existenz du nicht einmal wusstest. In diesen Fällen hast du einen Punkt erreicht, an dem du dich nicht mehr ernst genug nimmst. Du wirst zum Spielball deiner Umwelt. Das Problem dabei ist, dass deine Umwelt sich dir gegenüber genauso verhalten wird. Lässt du alles mit dir machen und schaffst du es nicht Nein zu sagen, wird dich dein Umfeld in hohem Maße ausnutzen und überstrapazieren. Das, was von dir dann möglicherweise als Anerkennung oder Freundlichkeit wahrgenommen wird, ist eigentlich nur eine versteckte Form der Ausbeutung und Ausnutzung. Denn in der Realität sind deine Kollegen oder Vorgesetzten dir gegenüber dann nicht anerkennend. Vielmehr haben sie in dir einen Dummen gefunden, der einfach immer Ja zu allem sagt. Am Ende wird man zum Lemming, der hinterher springt sobald der Anführer von der Klippe springt. Die Ursache des fehlenden Ernstnehmens sich selbst gegenüber, liegt häufig in einem unzureichenden Selbstwertgefühl. Dieses zu stärken ist also die erste Maßnahme, um sich selbst wieder ernst zu nehmen. Das bist du dir schuldig, egal in welchem Alter. Immerhin bist du der einzige Mensch, der dich selbst ernst nehmen kann. Das wird niemand anderes für dich übernehmen. Selbstverständlich werden Menschen dir mit Respekt und Achtung entgegentreten. Aber dafür gibt es keine Garantie. Möchtest du ernst genommen werden, musst du dafür eintreten und aktiv etwas dafür tun. Im Alltag ist das relativ schwierig. Vor allem, wenn man nicht zu den extrovertierten Menschen gehört, die ohnehin mit der Tür ins Haus fallen und andere für sich einnehmen. Doch auch als introvertierter oder eher zurückgezogen der Mensch ist es möglich, den eigenen Selbstwert zu stärken und sich selbst ernst zu nehmen. Allein die Entscheidung, etwas für sich zu tun und sich nicht mehr zum Spielball der anderen zu machen, ist der erste Schritt in die richtige Richtung.

22. LASS DEIN LEBEN NICHT FREMDBESTIMMEN

Ein Stück weit kann niemand von uns sich der Fremdbestimmung des eigenen Lebens entziehen. Wohnungen im Weltall dauern nicht eine Weile. Auch, wenn man an manchen Tagen am liebsten fern von allem wäre. Ob wir wollen oder nicht, wir sind von bestimmten Personen und Strukturen abhängig. Dazu zählen beispielsweise unsere Vorgesetzten, die politischen Verantwortlichen und rechtlichen Bestimmungen. Aspekte, die gerade auch eine Demokratie bestimmen, sollen hier nicht diskutiert werden.

Fremdbestimmung bedeutet in erster Linie, dass sich unser Leben nicht mehr so anfühlt als hätten wir es selbst in der Hand. Das kann bereits bei Jugendlichen auftreten. Der Unterschied zwischen dir und einem Jugendlichen ist nun der, dass du dich mit dem Eintritt deiner Volljährigkeit, aktiv um die deine Selbstbestimmung im Leben kümmern kannst. Aufgrund dessen, dass deine Eltern kein Bestimmungsrecht mehr über dich haben, kannst du, im Rahmen deiner Möglichkeiten, dein Leben so gestalten wie Du es möchtest. Die Krux dabei ist: auch bei Ausschalten einer äußeren Fremdbestimmung, sind wir Menschen dennoch einer Fremdbestimmung unterworfen sind. In diesem Fall ist es die Fremdbestimmung, die von den inneren Kritikern in uns selbst hervorgerufen wird. Keine Sorge. Du musst nicht Psychologie studiert haben, um zu verstehen was ein innerer Kritiker ist. Innere Kritiker sind diese leisen Stimmen und Gedanken, die wir spüren, wenn wir etwas tun, was wir nicht tun sollten oder wenn wir etwas tun, wie es unser Umfeld oder unsere Eltern nicht tun würden. In der Praxis werden solche Gedanken der inneren Kritiker auch als Glaubenssätze bezeichnet. Beispiele für Glaubenssätze können beispielsweise sein:

- Weil meine Beine nicht schlank genug sind, trage ich keine Shorts.

- Ich bin zu blöd, um das Studium zu schaffen.
- Als Junge habe ich in einem Pflegeberuf nichts verloren.
- Wer bei Hitze schwitzt, kennt keine Körperhygiene und stinkt.
- Mit Winkearmen trägt man kein Top.

★ Was sollen die Nachbarn denken?

★ Sportsocken und Sandalen sind ein Zeichen für Spießigkeit.

Die Liste dieser Glaubenssätze könnte man unendlich verlängern. Selbst dir würden jetzt sicher viele solcher Gedanken einfallen. Der Nachteil dieser Gedanken ist, dass sie uns in unserer Entfaltungen hindern. Sie bremsen uns förmlich aus. Und sie greifen um sich wie ein Lauffeuer. Denn aus dem Glaubenssatz beispielsweise etwas Bestimmtes nicht zu schaffen, wird schnell die allgemeingültige Überzeugung, generell nichts zu schaffen. Ebenso verhält es sich mit allen Glaubenssätzen zum Aussehen, zur Körperform und zur gewählten Kleidung. Hier kann ein einzelner Glaubenssatz dazu führen, dass wir unseren Körper ablehnen und uns für Sachen schämen, für die es nichts zu schämen gibt. Es gibt keine Regeln dafür, was wir tragen dürfen, was wir tun dürfen und wie wir aussehen dürfen. Es gibt kein Gesetz, was dir verbietet Sportsocken in Sandalen zu tragen, auch wenn die Welt diesen Trend verteufelt. Ebenso kannst du ärmellose Tops oder Glitzerröcke tragen, ganz gleich welches Geschlecht für Dich zutrifft oder wie alt du bist. Magst du Röcke: Zieh sie an! Liebst du Sandalen im Winter: kein Problem! Sich dem entgegenzustellen und sich nicht den Glaubenssätzen der inneren Kritiker zu unterwerfen, ist ein wichtiges Element für ein selbstbestimmtes Leben und damit der Abkehr von der Fremdbestimmung. Denn die Glaubenssätze der inneren Kritiker sind nichts anderes als von außen übernommene Wert und Moralvorstellungen. Diese müssen jedoch nicht mit deinen eigenen Vorstellungen übereinstimmen. Wenn dir danach ist, in Regenbogenfarben und barfuß durch die Stadt zu laufen, dann handelst du selbstbestimmt. Vorausgesetzt es bereitet dir Freude dich so zu kleiden. Fremdbestimmt wäre es in diesem Fall, wenn du dich so kleidest um es anderen beweisen zu wollen.

Nun mag man sagen: Wenn ich anderen etwas beweisen will, bin ich doch eigentlich selbstbestimmt. In diesem Fall bist du aber genauso fremdbestimmt. Selbstbestimmt wärst du dann, wenn dieses »ich zeige es den anderen« nicht die Motivation für dein andersartiges Verhalten ist. Sonst ist es nur eine Form der Rebellion. Selbstbestimmung wird aus Rebellion jedoch erst dann, wenn es dir egal ist wie dein Umfeld darauf reagiert. Das heißt, dass auch der Aspekt von »ich zeige es den anderen« wegfällt. Dann ist es dir egal, ob die anderen überhaupt reagieren. Solange du jedoch auf die Reaktion der anderen angewiesen bist, wird dein Verhalten immer fremdbestimmt bleiben, egal wie selbstbestimmt du es dir ausmalst.

Ein selbstbestimmtes Leben zu führen ist kein leichtes Unterfangen. Denn es gehört viel Mut und Selbstbewusstsein dazu, für die eigene Selbstbestimmung einzutreten. Insbesondere dann, wenn du in einem Umfeld zu Hause bist was von sehr restriktiven und strikten Normen und Werten geleitet wird. Das Paradebeispiel hierfür ist häufig das klassische Dorf in der Pampa. Dort herrschen gefühlt Millionen ausgesprochene und unausgesprochene Verhaltensregeln und Wertvorstellungen, die es jedem schwer machen, der diesen nicht entspricht bzw. sich nicht dementsprechend verhält. Das beginnt dabei, den Vorgarten falsch zu bepflanzen und endet bei der fehlenden Teilnahme an der Freiwilligen Feuerwehr. Was hier so amüsant klingt, kann das eigene Leben ziemlich aus der Bahn werfen. Solange du darüber hinaus viel Platz hast, um ein selbstbestimmtes Leben zu führen, wird dir das nur am Rand auffallen. Wird dein Leben jedoch in vielen Bereichen fremdbestimmt, erreichst du irgendwann den Punkt, wo du diesen gängelnden Zwang von außen nicht mehr aushalten kannst. Im besten Fall setzt dann die Rebellion ein und du beginnst deine Selbstbestimmung neu zu entdecken und zu verwirklichen. Im schlimmsten Fall wirst du, um die Fremdbestimmung aushalten zu können, dich selbst immer mehr verleugnen und krank werden. Denn egal wie gut wir darin trainiert sind uns selbst zurückzunehmen und zu negieren, unsere Seele kann das nicht. Deren einzige Option uns das klarzumachen ist, sich über körperliche Störungen und Erkrankungen zu melden (sogenannte psychosomatische Erkrankungen).

Vielleicht denkst du ab und zu einfach darüber nach, wie viel Selbst- und Fremdbestimmung in deinem Leben herrschen, wenn dir einer der oben genannten Glaubenssätze der inneren Kritiker mal wieder über den Weg läuft.

23. EIGENE GRENZEN SETZEN: AUS DEM HAMSTERRAD DER GRENZVERLETZUNG AUSSTEIGEN

Sicher fragst du dich was das Setzen von Grenzen mit deiner Volljährigkeit zu tun hat. Dabei ist das ein sehr zentraler Punkt. Denn anders als ein Kind oder Jugendlicher bist du jetzt für das Setzen deiner Grenzen selbstverantwortlich. Dazu gehört natürlich auch, dass du deine eigenen Grenzen kennst. Je nachdem wie du aufgewachsen bist, wirst du deine eigenen Grenzen besser oder schlechter spüren und wirst besser oder schlechter darin sein, deine eigenen Grenzen zu setzen und für sie einzutreten.

Mit dem Eintritt in das Berufsleben, sowohl in Form der Ausbildung als auch in Form eines Jobs, wirst du sehr schnell mit Grenzverletzungen konfrontiert. Hierbei handelt es sich nicht immer um Aspekte wie Mobbing oder sexuelle Belästigung. Diese Grenzverletzungen sind sehr massiv. Und sollten von niemandem toleriert werden. Während Mobbing und Belästigung offensichtlich sind und auch in der Rechtsprechung klaren Definitionen unterworfen sind, gibt es im Berufsleben zahlreiche andere Formen der Grenzverletzungen, die er versteckt laufen. Hinzu kommt, dass es sich hierbei nicht um rechtliche Verstöße handelt. Solche Grenzverletzungen können z. B. sein:

- Deine Mitschüler*innen borgen sich wiederholt deine Unterrichtsmitschriften aus, weil sie keine Lust haben an den Unterrichtsveranstaltungen teilzunehmen.

- In Teamprojekten bist du diejenige/ derjenige, an der/ dem die meiste Arbeit hängen bleibt. Mit charmantem Lächeln und Ausreden wie der kranken Oma oder dem verstauchten Handgelenk, bringen dich deine Mitschüler*innen dazu, dass du die Hauptarbeit selber leistest.

- In der praktischen Ausbildung landest du immer in den Bereichen mit den schwierigsten Konditionen (z. B. schwierige Vorgesetzte, körperlich anstrengende Arbeit, seelisch anstrengende Arbeit, langweilige Tätigkeiten).

- Du leistest täglich Überstunden, um deine Arbeit zur vollen Zufriedenheit deiner Vorgesetzt*innen zu beenden.

- Du verlässt häufig als letzte*r den Arbeitsplatz, weil du die Arbeit deiner Kollegen übernommen hast.

- Deine Vorgesetz*innen überfrachten dich mit Arbeit, weil du die eh immer schaffst und weil du das am besten im Team kannst. Im Gegensatz zu deiner Arbeitsbelastung ist die Arbeitsbelastung deiner Kolleg*innen um ein Vielfaches geringer.

- Bei der Vergabe von Urlaubszeiten werden deine Wünsche nicht berücksichtigt.

- Bei besonderen Veranstaltungen wirst du regelmäßig übergangen.

Diese Liste kannst du beliebig erweitern. Wenn deine Ausbildung oder dein Berufsleben voranschreiten, werden Dir noch zahlreiche solche Grenzverletzungen einfallen. Das Problem dieser Grenzverletzungen ist, dass sie zum einen an deinem Selbstbewusstsein und deinem Selbstwert nagen. Zum anderen können sie dich langfristig gesehen krank machen. Die krankmachende Wirkung ist umso fataler, da Grenzverletzungen sich sowohl körperlich als auch seelisch auswirken. Körperliche Folgen von Grenzverletzungen sind z. B. Erschöpfung, Überlastungen, Schmerzen in Rücken, Armen oder Beinen. Seelische Folgen von Grenzverletzungen können z. B. das Burnout, das Boreout (Unterforderung), Panikattacken oder eine Depression sein. Aus diesem Grund solltest du Grenzverletzungen nicht tolerieren.

Du setzt dich Grenzüberschreitungen zur Wehr, indem du deine eigenen Grenzen kennst und setzt. Hierfür gibt es zahlreiche Tipps im Internet oder in einschlägigen Ratgebern. Insgesamt lassen sich diese Maßnahmen zur Verbesserung der eigenen Grenzen und der eigenen Grenzsetzung in folgenden Punkten zusammenfassen:

1. Um Grenzverletzungen erkennen zu können, setze dich als erstes mit deinen Glaubenssätzen inneren Kritikern, Wert und Moralvorstellungen auseinander.

2. Mache dir bewusst, dass dir jede Grenzverletzung Energie (körperlich, seelisch) raubt. Die Hauptenergie sollte dir, deinem Wachstum und deiner Selbstbestimmung zukommen. Die Energie, die übrig bleibt, kannst du anderen Menschen zur Verfügung stellen. Was hier so esoterisch klingt bedeutet eigentlich nichts anderes als dass du mit denen eigenen Kräften gut Haushalt ist. Du kannst nicht die Arbeit für andere übernehmen, wenn du in deiner eigenen Arbeit erstickst.

3. Übe dich darin dein Selbstbewusstsein und deinen Selbstwert z.B. mit positiven Gedanken und Affirmationen (positive Sätze) zu stärken. Das hilft vor allem bei Grenzverletzungen, die an unseren eigenen Werten kratzen. Sich selbst jeden Morgen im Spiegel anzublicken und zu sagen, was für ein wundervoller und schöner Mensch man ist, ist eine sehr simple, aber extrem wirksame Maßnahme, das eigene Selbstbewusstsein zu pushen. Vor allem, da du nicht davon ausgehen kannst, dass andere Menschen das für dich übernehmen. Hier heißt es in erster Linie, dass deine Meinung von dir selbst eine positive ist. Es reicht, wenn dein Umfeld dich mit Negativität überrollt. Das musst du nicht noch selbst mit dir tun.

4. Zu einer gesunden Grenzsetzung gehört es auch, das Nein-Sagen zu üben und häufiger anzuwenden. Wenn du normalerweise jemand bist, der immer Ja sagt, so wird dein Umfeld anfangs sehr irritiert reagieren. Im beruflichen Bereich kann es auch dazu führen, dass Vorgesetzte, Mitarbeiter*innen oder deine Mitschüler*innen plötzlich verärgert oder passiv aggressiv reagieren. Hier ist es wichtig zu verstehen, dass das nicht an dir liegt. Dein Gegenüber ist in diesem Moment verärgert, weil du dessen Bedürfnisse nicht erfüllst, sondern auf deine eigenen Bedürfnisse achtest. Es ist sehr wichtig, egal in welchem Bereich, Nein sagen zu können. Dabei muss ein Nein nicht in Stein gemeißelt sein. Ein Aspekt zu dem du einmal Nein sagst kann auch später zu einem Aspekt werden, zu dem du Ja sagst. Wichtig dabei ist, dass du dein Nein nicht jedes Mal zwei Minuten später revidierst. So würde man dir wenig Glauben schenken und deine Grenzen weiterhin überschreiten. Stehe also zu deinem Nein so oft du kannst. Du wirst sehen, welche positiven Auswirkungen das auf dein Selbstbewusstsein und deine Selbstbestimmung hat. Du wirst dich viel stärker und viel freier und vor allem auch viel mutiger fühlen. Dar-

über hinaus werden dich viele Dinge weniger stark aus der Bahn werfen. Im besten Fall wird dir dein Gegenüber mit einem höheren Maß an Respekt entgegentreten. Denn wenn es nicht mehr ein Automatismus ist, dass du zu allem Ja sagst und man dich nicht mehr mit allem über Laden darf, wird man eher respektvoll nachfragen.

5. Der letzte Punkt um deine eigenen Grenzen zu setzen besteht darin, Verantwortung zu übernehmen. Das ist in erster Linie die Verantwortung für dich und deine Werte und dein Verhalten. Häufig beeinflusst unsere Grenze aber auch unser Umfeld. Hilfst du beispielsweise jemandem in deinem Umfeld, der gemobbt wird, dann übernimmst du mit deiner Grenzsetzung nicht nur Verantwortung für dich, sondern auch für das Opfer.

Du siehst also, das Grenzsetzung ein sehr wichtiger Aspekt eines künftigen Erwachsenen Lebens sein wird. Das zu üben und daran zu denken, damit kann man nicht früh genug beginnen.

24. OPFERE NICHT DEINE TRÄUME

Unsere Träume leben wir oft nicht aus. Häufig ist der stressige Alltag daran schuld, dass wir Träume begraben oder dass sie einfach verschwinden, als hätten sie nie existiert. Treffen wir darüber hinaus noch auf Schwierigkeiten, entfernen sich unsere Träume immer weiter von uns. Doch was sind eigentlich Träume? Träume bedeuten in diesem Fall nicht das, was wir im Schlaf erleben. Träume bedeuten hier, unsere Wünsche und Sehnsüchte für die Zukunft. Der Sinn eines Traumes liegt dabei nicht in erster Linie darin, dass er sich erfüllt. Vielmehr sind Träume

- der Motor, der uns zum Weitergehen antreibt,
- der in uns die Kreativität weckt und
- der in uns die Leidenschaft aktiviert, um uns neue Hobbys und neuen Dingen zu widmen.

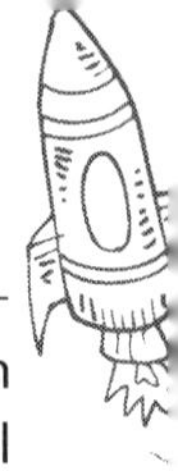

Träume wollen gelebt werden. Man sollte sich Zeit nehmen, um in die eigenen Träume hinein zu spüren. Besonders spannend ist es, wenn man seine eigenen Träume notiert und von Zeit zu Zeit diese Notizen einmal nachliest.

Natürlich bist du mit dem Erreichen der Volljährigkeit noch etwas jung, um dir vorstellen zu können, wie spannend es sein kann 20 Jahre später auf ehemalige Träume zurückzublicken. Dennoch ist es eine sehr schöne Methode, um die eigenen Träume festzuhalten. Insbesondere da es ja deine Wünsche und Beweggründe der jeweiligen Zeit sind, die dich in deinen Lebensentscheidungen begleiten. Und solltest du deine Träume wirklich einmal verlieren, kannst du sie jederzeit wieder nachlesen. Das Spannende an Träumen ist, dass sie sich vermehren, dass sie sich verändern, das neue dazukommen. Und jedes Mal sind sie in der Lage eine Leidenschaft in uns zu wecken. Diese können wir je nach Kraft auch dann spüren, wenn wir uns verrennen oder wenn wir glauben die Welt hat sich gegen uns verschworen. Nicht selten klopft die Leidenschaft unserer Träume dann ganz zaghaft an und meldet sich zu Wort. Das ist auch der Grund, warum Krisen oder schwere Zeiten in unserem Leben häufig zu einer Kursänderung führen. Dahintersteckt nichts anderes als ein Traum der sich zeigen konnte als alles andere in der Krise verloren war. Der uns genau dann wieder Mut und Optimismus schenkt um eine neue Richtung einzuschlagen. Zwar haben wir auch dann keine Garantie, ob wir den Traum verwirklichen können. Aber wir machen weiter anstatt in der Krise oder der Dunkelheit festzustecken. Das klingt sehr erwachsen.

Solche Ereignisse kannst du aber auch als junger Erwachsener schon erleben. Und sei es nur die Krise vor der kommenden Abiturprüfung oder die Absage vom Ausbildungsplatz. Das sind auch im jungen Erwachsenenalter nicht zu unterschätzende Situationen, die dich auf den Boden der Tatsachen zurückwerfen können. Plötzlich hast du das Gefühl, dass deine Wünsche sich verabschiedet haben. Dass du es nie schaffen wirst deine Träume zu verwirklichen. Dass du dazu verdammt bist einen Beruf zu erlernen, den du eigentlich gar nicht wolltest. Solche Krisen werden durch viele irrationale Gedankengänge begleitet. Diese können uns derart das Leben schwer machen, dass wir gelähmt sind und nicht mehr in der Lage sind weiterzulaufen. Und genau hier kommen unsere Träume zum Einsatz. Holen wir dann einen Zettel hervor, auf dem wir wenigstens einen einzigen Traum notiert haben, kann dieser uns helfen, einen Ausweg aus der Krise zu finden. Denn die Absage der Traum-Uni oder die Absage der Traum-Ausbildungsstätte, bedeuten nicht, dass wir unsere Träume aufgeben müssen. Das Sprichwort »Viele Wege führen nach Rom« ist in der Tat sehr zutreffend. Es gibt keinen geradlinigen Weg und wenn du in ein paar Jahren oder Jahrzehnten zurückblickst, wirst du feststellen, dass du vielleicht doch dort gelandet bist, wo du eigentlich hin wolltest. Insbesondere dann, wenn das was sich hinter deinem Traum und deinem Wunsch verbarg gar nicht etwas ganz konkretes war. So kann selbst einen Beruf, der nicht deinem Traumberuf entspricht, dir zu einem erfüllten Leben verhelfen, wenn einfach der Wert der dahinter steckt, der Wert ist der dich erfüllt. Dann lag dein Wunsch für die Zukunft weniger in diesem einen ganz speziellen Beruf als vielmehr in dem, was dieser Berufe mit dir macht und welche Werte die du dort ausleben kannst. Und wie auf den Beruf trifft solch ein Umweg, auch wenn er holpert, auf so ziemlich alle Lebensbereiche zu. Gott sei Dank kann niemand von uns vorhersehen wie das Leben verläuft und zum Glück können wir es nur in begrenztem Maß selber planen. Wären wir dazu fähig unser Leben vollständig zu planen, würden wir all die schönen Augenblicke und Lebenswege verpassen, die wir auf unseren holprigen Umwegen finden.

25. KARRIERE UM JEDEN PREIS: VOM SINN UND UNSINN DER SELBSTAUFGABE

Mit dem Start ins Berufsleben beginnt auch bei vielen Menschen der Karriereweg. Es gibt keine klaren Fakten darüber, in welchem Alter die meisten Menschen anfangen ihre Karriere zu planen. Aber man kann davon ausgehend, dass bereits vor der Volljährigkeit bei vielen bestimmte Berufsziele und Berufswünsche bestehen, die später Karrieremotor werden. Dabei ist eine Karriere per se nichts Schlechtes. Negativ wird die Karriere erst dann, wenn sie mit Selbstaufgabe verbunden ist. Das ist häufig in Berufszweigen, bei denen an eine Karriere hohe Anforderungen geknüpft sind. Dass man Karriere heutzutage auch machen kann, ohne dafür auf Schlaf und Familie zu verzichten, hat sich leider noch nicht überall rumgesprochen. Gerade im Managerbereich bedeutet Karriere auch heutzutage noch möglichst mehr zu arbeiten als alle anderen und seine eigenen Grenzen zu überschreiten. Die eigenen Grenzen für die Karriere in bestimmten kurzen Phasen zu überschreiten, steht außer Frage. Das findet sich in allen Berufszweigen, in denen eine Karriere eingeschlagen werden wird. Die Frage, die man sich stellen muss, ist jedoch: Wie lang ist die Selbstaufgabe aus Karrierezwecken notwendig? Vor allem, wenn der Karriereweg so viele Opfer fordert, dass du darunter krank wirst. Das kann passieren, wenn du den Schlaf-wach-Rhythmus ebenso missachtest wie gesundes Essen, ausreichendes Trinken, das Vermeiden des exzessiven Kaffeekonsums und das Vermeiden von Drogenkonsum. Viele Menschen, die mitten in der Karriere stecken, erkennen die Selbstaufgabe nicht mehr. Um die Anforderungen zu schaffen, nutzen sie zahlreiche Mittel, mit denen sie sich selbst und anderen schaden. Allen voran Drogen, die in vielen Bereichen heute zum Karrierestandard gehören. Natürlich unter dem Deckmantel der Verschwiegenheit. Mittlerweile gibt es jedoch zahlreiche wissenschaftliche Dokumentationen, in denen auch junge Menschen mit Anfang 20 darüber berichten, wie Ihnen diverse Drogen dabei helfen, das Berufsleben, den Karriereweg und die damit verbundenen Anforderungen zu schaffen. Problematisch dabei ist, dass Drogen sich immer negativ auf den Körper auswirken. Hier hast du keinen Spielraum zu sagen: Ich nehme sie für einen gewissen Zeitraum und lasse sie dann einfach wieder weg. Bereits die erste Einnahme einer Droge hat zahlreiche Konsequenzen und sieht eine Sucht nach sich. Die Kombination aus Drogen und Karriere ist eine hochexplosive Mischung. Zwar sind die Menschen dann in der Lage mit weniger Schlaf und Nahrung auszukommen. Sie werden aber auch zunehmend aggressiv und ziehen sich aus ihrem privaten Umfeld zurück. Man erreicht einen Punkt, an dem man nur noch für die Karriere erlebt. Diese Aufgabe wird bis zum Exzess getrieben. Kommt es dann zum Absturz – sei es durch die Kündigung oder eine Erkrankung – ist der Fall tief und der Aufprall hart. In diesem Moment steht häufig kein soziales Netz mehr zur Verfügung, was die Gefallenen auffängt. Denn Freunde Verwandte und Bekannte bleiben nicht am Rand stehen und warten darauf, bis du in der Karriere irgendwann wieder Bedarf für Konversation und Miteinander hast. In der Regel kommt es hier zum Bruch von Freundschaften, die sich auch auf die Familie auswirken können. Am Ende stehen solche Menschen nach einem Crash auf der Karriereleiter im wahrsten Sinn des Wortes vor dem Nichts.

Aus diesem Grund ist es notwendig eine Karriere nicht nur zu planen, sondern im Verlauf auch kritisch zu hinterfragen. Fällt dir dabei auf, dass du zu viel dafür opferst und mehr über deine Grenzen hinausgehst als es dir langfristig gut tut, solltest du dir die Frage stellen ob, diese Karriere die richtige Wahl für dich ist.

Mit dieser Reflexion verbunden ist auch die Frage was Karriere für dich selbst bedeutet. In der Regel kann man davon ausgehen, dass Karriere für die meisten heutzutage bedeutet den höchsten Posten, das höchste Einkommen, den höchsten Einfluss, die höchste Macht, den größten Status und die größte Anerkennung zu erzielen. Das ist aber nur eine Definition von Karriere, die dein gesellschaftliches Umfeld vorgibt. Das bedeutet nicht, dass du für dich den Begriff der Karriere genauso definieren musst. Karriere kann auch bedeuten, eine ausreichende Work-Life-Balance zu finden oder die Elternzeit zu genießen.

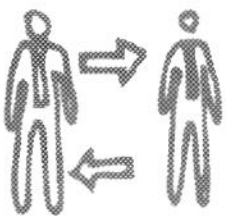

Der Druck des Umfeldes über die Wichtigkeit einer Karriere kann erdrückend sein. Hier spielen auch die Wertvorstellungen deines Umfeldes eine große Rolle. Sich dem entgegenzustellen und andere Lebenspläne und Karrieredefinitionen zu verfolgen, ist nicht immer leicht. Viele stellen das bereits mit der Volljährigkeit fest, wenn es darum geht, die Schule abzuschließen oder einen anderen Beruf zu wählen. Nicht selten haben Eltern vorgefertigte Berufswege für ihre Kinder im Kopf. Aber es ist eben der Kopf deiner Eltern. Über dein Leben entscheidest allein du. Auch wenn es sich seltsam anfühlt und schwer ist, etwas entgegen dem Wunsch der Eltern zu tun. Du allein bestimmst, welchen Ausbildungsweg und Beruf du ergreifen möchtest, ob und wie und in welchem Umfang du eine Karriere anstrebst. Auch musst du dich nicht von Anfang an darauf festlegen, ob du die Karriereleiter hinaufklettern willst. Zwar gibt es durchaus Berufe, in denen man ab einem gewissen Alter die Karriereposten nicht mehr oder nur schwer erreicht. Eine vorzeitige Planung bereits am Ausbildungsbeginn ist allerdings auch kein Garant dafür, dass du die höchste Stufe der Karriereleiter erreichen wirst. Hier fließen so viele Faktoren ein, die am Ende über die Karriere bestimmen. Hinzu kommt, dass du dich auch während deiner Ausbildung entwickelst und nicht vorher sagen kannst, ob dieser Weg in ein bis zwei Jahren immer noch der ist, von dem du geträumt hast.

Von Karriere zu träumen ist also durchaus legitim und auch hilfreich, um Ausbildungswege durchzuhalten und erfolgreich zu absolvieren.

Das Nichterreichen einer Karriere, das Entscheiden gegen eine Karriere oder das Abweichen vom Karriereweg zu einem späteren Zeitpunkt sind aber ebenso gut und sinnvoll.

26. KARRIERE UND GELD ALS WOHLFÜHLGARANT – ODER WIE MAN DIE EIGENEN WERTE NEU AUSRICHTET

Viele Menschen glauben, dass Karriere und der damit verbundene immaterielle und materielle Status ein Garant für Lebensglück und Zufriedenheit sind. Leider ist es ein Trugschluss. Zwar kann man mit Geld viel kaufen. Geld allein hat aber bis heute niemanden glücklich gemacht. Glück und Zufriedenheit folgen nicht einer Karriere. Glück und Zufriedenheit finden wir vielmehr in immateriellen Dingen und in erlebten Momenten. Vielleicht kannst du dich einmal erinnern, welche Momente dir besonders in Erinnerung geblieben sind. Du kannst sie auch aufschreiben. Dann kannst du diesen Zettel jedes Mal hervorholen, wenn der Zweifel an deine Tür klopft und dir weismachen will, dass nur Geld und Karriere allein glücklich machen können. Wenn dem so wäre, dann hätten wir eine Menge unglücklicher Kinder auf der Welt. Ein Kind denkt nicht im Kontext von Karriere und Geld. Trotzdem sind uns Kinder, die in ihrem Leben im Hier und Jetzt leben, uns in ihrer Zufriedenheit und ihrem Glück um ein Vielfaches voraus. Statt der Karriere hinterherzulaufen, täten wir gut daran uns ein Beispiel an der gegenwärtigen Zufriedenheit der Kinder zu nehmen und genau diese unscheinbaren Augenblicke zu sammeln. Sie sind es, die uns motivieren, die uns stärken, die uns beruhigen und die uns Kraft geben für alle Anforderungen, die der Alltag und das Leben an uns stellen.

Doch wie stellt man es jetzt an, wenn man vielleicht schon in der Gymnasialstufe damit begonnen hat sein Leben auf eine Karriere auszurichten? Dann scheitert man möglicherweise am Abitur, hat eine zu schlechte Note für den Numerus clausus oder findet nicht die passende Berufsausbildung, die man angestrebt hat. Unter Umständen landet man dann in einer Ausbildung, deren Karriereleiter weit entfernt ist von der Karriere im Management. Das bedeutet aber nicht, dass dein Leben fortan weniger wert oder du unzufrieden sein musst. Denn du definierst dich weder über deine Arbeit, noch über das, was du verdienst. Dich definieren in erster

Linie dein soziales Umfeld, die Gesellschaft und die Medien. Allerdings haben die dabei nie dein Wohlbefinden im Kopf. Ganz zu schweigen von deiner Zufriedenheit im Leben. Was sie dir vorgaukeln wollen ist das Streben nach Karriere und Geld als Wohlfühlgarantie. Denn je mehr Karriere und je mehr Geld, umso höher dein Konsum und umso höher natürlich auch der Umsatz. Dabei werden wir selbst durch unseren Konsum nicht glücklich. Du kannst noch so viel einkaufen gehen, es wird dir weder Zufriedenheit noch Glück schenken. Natürlich ist es einfacher glücklich zu sein, wenn man sich nicht darüber den Kopf zerbrechen muss, wie man die nächste Rechnung bezahlt oder ob man das Geld für die Miete zusammenkratzen kann. Trotzdem sind auch Menschen mit finanziellen Problemen zufrieden. Der pauschale Zusammenhang von Zufriedenheit und Geld lässt sich also nicht einfach herstellen. Darum können weder Geld noch Karriere garantieren, dass du glücklich bist.

27. NIEDERSCHLÄGE GEHÖREN DAZU

Niederschläge gehören zum Leben dazu. Dabei ist es egal ob du 5, 18 oder 65 Jahre alt bist. Der Unterschied ist nur, das in deiner Kindheit deine Eltern bei jeder Niederlage da waren, um dich zu trösten, um dich aufzufangen, um dich aufzubauen, um dich zu ermuntern weiterzumachen oder neu anzufangen. Mit Beginn der Volljährigkeit bist du nun allein dafür verantwortlich, Niederschläge zu verarbeiten und wieder Kraft zum Weitermachen oder zu finden und das ist nicht immer ganz einfach. Es hängt auch sehr von deiner individuellen seelischen Kraft (Resilienz) und deiner Persönlichkeitsstruktur ab, was du als Niederlage bewertest. Das bedeutet, dass die Niederlage der einen Person für eine andere Person nicht zwangsläufig auch eine Niederlage darstellt.

Es gibt folglich keine allgemeingültige Regel, wie man mit Niederlagen umgehen sollte. Wichtig ist es immer, wieder aufs sogenannte Pferd zu steigen. Viele kennen das, wenn sie sich beim Sport verletzen. Sofern die Sportverletzung nicht dazu beiträgt, dass du eine Zwangspause einlegen musst, machst du nach einer kurzen Schonung. Denn die Angst, die mit einer Niederlage einhergeht, kann dazu führen, dass wir den Mut verlieren weiterzumachen. Sitzen wir diese Angst aus, befinden wir uns auf verlorenem Posten. Denn statt abzunehmen wird die Angst größer. Sie verschwindet erst dann, wenn wir uns der Angst und der Niederlage stellen. Für die Praxis heißt das, dass du dich bei einer Niederlage aktiv damit auseinandersetzen solltest. Viele verdrängen Niederlagen, ertränken sie in Alkohol, in Partys oder negieren das Geschehene. Das ist eine sehr verständliche und nachvollziehbare Methode. Zumal die Auseinandersetzung mit einem Misserfolg ein mitunter sehr schmerzvoller Prozess ist. Das Problem hierbei ist, dass dein Körper die Niederlage nicht vergisst. Eine nicht verarbeitete Niederlage fliegt dir irgendwann um die Ohren.

In der Regel ist dann die Heftigkeit der erinnerten Niederlage stärker als die eigentliche zurückliegende Niederlage.

Solch einen Bumerang kannst du nur umgehen, indem du dich konstruktiv mit deinem Misserfolg auseinandersetzt. Vielleicht kannst Du sie mit deiner Familie oder Freunden besprechen. Stehen dir im Freundeskreis keine Ansprechpartner zur Verfügung, kannst du natürlich auch mit Hausärzt*innen, einem Coach oder Psychotherapeut*innen darüber sprechen. Es ist keine Schande sich Rat und Hilfe zu holen, wenn man eine Niederlage erlitten hat. Es gibt auch keinen Grenzwert, ab welcher Schwere der Niederlage man sich Hilfe holen kann. Jeder Mensch reagiert ganz anders auf Niederlagen und auch ganz anders auf die Art der Niederlagen. Also wählt auch jeder Mensch einen ganz individuellen Umgang mit einer Niederlage.

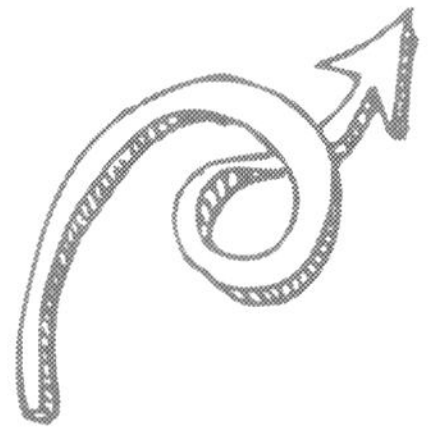

28. TRIAL-AND-ERROR: ES IST NIE ZU SPÄT NEU ANZUFANGEN

Auf deinem künftigen Lebensweg wirst du häufig scheitern, ob du das möchtest oder nicht. Selten verlaufen Wege so wie du sie dir ausgedacht hast. Unzählige Faktoren, entscheiden darüber, ob es holprig wird. Aber ganz egal was dir passiert, es ist nie zu spät neu anzufangen. Das gilt für so ziemlich alle Bereiche in deinem Leben. Mit Beginn der Volljährigkeit trägst du die Verantwortung für dich selbst und bestimmst selbst, ob und wann du neu anfängst. Der sogenannte Tritt in den Hintern muss also von dir kommen. Was früher deine Eltern für dich gemacht haben, liegt jetzt in deinen Händen. Sich jetzt unter Druck zu setzen und zu denken, man müsste alles gleich können, so als wäre man schon seit 30 Jahren erwachsen, ist eine Utopie. Jeder weiß, dass das Erwachsensein ein Wachstumsprozess ist. Auch wenn du jetzt volljährig bist, fliegen dir nicht plötzlich alle Fähigkeiten und Weisheiten der Erwachsenen zu. Ganz im Gegenteil. Manche 80-Jährige haben noch nicht alle Fähigkeiten des Erwachsenen erlangt. Umso wichtiger ist es, im Hinterkopf zu behalten, dass du immer wieder neu beginnen kannst. Wenn du an dir zweifelst, dann kannst du dir einmal die Erfolgsstory verschiedener Prominenter durchlesen. Die meisten von ihnen sind unzählig viele Male gescheitert, bevor sie mit ihrem Herzens- und Lebensprojekt zum Ziel gekommen sind. Ebenso viele, konnten ihre Lebensprojekte erst mit Mitte 40 oder mit Mitte 60 umsetzen. Du hast also noch unendlich viel Zeit, um dein Leben so zu gestalten wie du möchtest. Wenn es jetzt gerade nicht so läuft wie es soll, dann ist morgen ein neuer Tag, um es noch mal zu probieren. Du kannst wirklich immer und immer wieder neu anfangen. Tag für Tag. Fällst du durch das Abitur oder deine Prüfungen an der Berufsschule oder der Uni, dann ist das zweifelsohne ein nicht leicht wegzusteckendes Ereignis. Aber auch dafür gibt es immer eine Lösung. Auch hier gilt immer die Devise neu anzufangen. Denn jeder Anfang ist besser als in dem stecken zu bleiben was gerade ist.

29. NICHT VERZAGEN – ODER ALLES WIRD GUT

Das Leben als Erwachsener kann ziemlich aufregend sein. Es ist ähnlich vergleichbar mit einer Achterbahnfahrt mit ihrem auf und ab. Vor allem die Tiefen lassen uns oft daran zweifeln, dass es gut ausgeht. Und doch wird am Ende alles gut ein. Ein Zitat lautet »Am Ende wird alles gut, wenn es noch nicht gut ist, ist es noch nicht das Ende« (Autor unbekannt). In diesem Spruch steckt viel Wahrheit und vor allem beinhaltet er ein hohes Maß an Motivation, damit unser Gehirn auch bei Niederlagen oder Achterbahntalfahrten nicht aussteigt und streikt.

Normalerweise finden Menschen immer wieder die Motivation weiterzumachen und können sich selbst dazu motivieren, an das Gute zu glauben. Dennoch gibt es Zeiten, in denen uns das sehr schwerfällt. Hier ist es wichtig, dass du dir Hilfe suchst, wenn es allein nicht mehr klappt. Nicht selten verbirgt sich hinter einem hohen Zweifel oder einer Angst eine ausgewachsene Erkrankung. Depressionen und Angststörungen können uns in jedem Alter treffen. Mit deiner Volljährigkeit liegt es jetzt an dir, bei ersten Anzeichen einer Erkrankung die Ärztin/ den Arzt aufzusuchen oder mit Freund*innen zu sprechen, um das weitere Vorgehen zu klären. Natürlich ist es nie gut krank zu sein. Und natürlich ist es immer schwierig, urplötzlich aus der Ausbildung herauszurutschen oder diese pausieren zu müssen. Wenn jedoch eine Krankheit vorliegt, kannst du dich dort nicht durchprügeln. Den Kampf gegen Krankheiten, insbesondere wenn es sich um psychische Erkrankungen handelt, kannst du nicht gewinnen, indem du sie übergehst und einfach aussitzt. Gerade psychische Erkrankungen sind ernsthafte Erkrankungen, für die es spezielle Therapien gibt. Dafür muss man sich nicht schämen. Leider ist das in vielen Bereichen der Gesellschaft noch nicht angekommen. Das hängt jedoch weniger mit der Form der psychischen Erkrankung zusammen als vielmehr damit, das Kranksein per se als schlecht definiert wird. Kranksein wird auch heute noch in der Gesellschaft als Fehler, Makel und Schwäche proklamiert. Dabei ist es nichts davon. Krank bedeutet lediglich: Irgendetwas in deinem Körper läuft nicht so, wie es laufen soll. Das kannst du ohne ärztliche Behandlung und Therapie nicht von allein wegzaubern. Solltest du also Anzeichen an dir erkennen, die auf eine Depression, eine Angsterkrankung oder eine andere Erkrankung hinweisen, dann habe den Mut dich an eine Ärztin/ einen Arzt zu wenden.

30. DIE SNOOZE-TASTE: DAS MONSTER DER ERWACHSENEN

Wer kennt sie nicht, die Snooze-Taste. Egal, ob Wecker oder Handy, überall gibt es dieses »noch fünf Minuten schlafen«. Ganz sicher hatten selbst die Steinzeitmenschen eine Snooze-Taste.

Im Internet finden sich zahlreiche Anleitungen, wie man sich das Snoozen abgewöhnen kann. Am häufigsten verbreitet ist der Tipp, Wecker und Radio möglichst weit wegzulegen. Am besten in den Flur. Man sollte nur sicherstellen, dass man den Wecker dann auch hört. Eine Erfolgsgarantie könnte ich hierfür nicht geben. Denn selbst die lautesten Wecker, die blinkend durch die Wohnung fahren oder markerschütternde Geräusche von sich geben haben zwei Schwachstellen:

1. Wenn man sie ausstellt, wandert man einfach zurück ins Bett (ein erprobtes Modell).

2. Man gewöhnt sich an alles.

Fragt man die Leute, gibt es nur wenige Dinge, die ad hoc wach machen und dafür sorgen, dass man zum einen das Bett im Eiltempo verlässt und zum anderen nicht wieder dahin zurückkriecht. Zu diesen Sofortwachmachern gehören beispielsweise:

- Kinder (die kann und sollte man sich wegen des Ärgers mit der Snooze-Taste jedoch nicht einfach zulegen)

- würgende und kotzende Katzen (in Sekundenbruchteilen reißt das jeden Katzenbesitzer aus dem tiefsten Schlaf und ist besonders wirksam, bei hellen, schwer zu reinigenden Teppichen, die Katzen für ihre Innereien präferieren)

- Laubbläser und Kreissägen an einem Samstagmorgen um 6 Uhr (leider fallen diese Geräusche wochentags aus und echten Städtler*innen entweicht dabei nur ein müdes Lächeln)

- Renovierung in der Nachbarwohnung (hier gilt dasselbe wie beim Laubbläsermarathon)

- Fehlalarme und Batteriewarnungen des Rauchmelders (unglücklicherweise gehen die vorzugsweise zwischen Mitternacht und zwei Uhr morgens an und womit sollte man sich dann die Zeit bis zum eigentlichen Aufstehen vertreiben)

Müssen wir die Snooze-Taste also weiter verteufeln und jeden Morgen mit einem schlechten Gewissen über unsere fehlende Disziplin starten? Neuere Forschungen zeigen, dass die Funktion der Snooze-Taste bisher falsch definiert wurde. Die Argumente einiger Forscher, dass sie uns müde macht, weil das Betätigen eine neue Tiefschlafphase auslöst, sind überholt. Natürlich vorausgesetzt, man snoozt nicht 30 Mal hintereinander und das Handy hält nicht 60 Minuten Zeit zwischen erstem und zweitem Klingeln bereit. Das wäre dann nicht mehr das klassische Snoozen. Um eine Tiefschlafphase zu generieren, aus der wir uns dann mühsam herausquälen müssen, ist die Zeitspanne zwischen erstem und zweitem Klingeln zu kurz. Jedoch verlängert sie auch nicht unseren restlichen Schlaf. Vielmehr kommt es beim Snoozen zur Verlängerung der Aufwachphase. Statt im Adrenalinschub und Stress aus dem Bett zu hechten, stellt sich der Körper langsam auf das Aufstehen vor.[161]

Nun könnte man fragen, warum man sich dann allerdings müder statt fitter vorkommt. Die Ursache dafür liegt nicht in der Snooze-Taste sondern in einem schlechten Schlafrhythmus. Schlafen wir zu kurz oder zu schlecht, fehlt dem Körper die Erholung, die er zur Regeneration braucht. Und das merken wir, wenn wir uns morgens müde und platt aus dem Bett quälen. Ein Grund, warum alle Maßnahmen auf das Snoozen zu verzichten, zum Scheitern verurteilt sind. Statt den Wecker in den Flur zu verdammen, wäre es wichtiger den eigenen Schlaf unter die Lupe zu nehmen:

- Schlafe ich ausreichend?
- Schlafe ich ruhig?

Ist die Antwort auf eine oder beide Fragen ein Nein, sollte man an seinem Schlaf arbeiten. An die optimale Schlafdauer kann man sich herantasten, indem man das Zubettgehen in kleinen Schritten nach vorn verlegt. Für einen ruhigen Schlaf sind hingegen alle Maßnahmen der Selbstfürsorge sinnvoll. Da jeder Schlaf hochindividuell ist, gibt es hierfür kein allgemeingültiges Rezept. Die verschiedenen Tipps, die das Internet ausspuckt, können aber als erste Handlungsoptionen und Anregungen gesehen werden.

Letztlich dürfen wir netter mit uns und unserer Snooze-Taste sein. Vielleicht wird es dann schon etwas leichter.

31. AUGEN AUF BEI DER BERUFSWAHL: DU ENTSCHEIDEST!

Welchen Beruf du einschlagen möchtest, kannst du mit Erreichen deiner Volljährigkeit selbst entscheiden. Hier gibt es keine Grenzen, auch wenn die Vorstellungen von Eltern, Verwandten und Bekannten dir da gern etwas anderes weismachen wollen. Sich letztlich für den richtigen Beruf und die dazugehörige Ausbildung zu entscheiden ist nicht immer einfach. Und gerade das Treffen einer Entscheidung, die gefühlt dein ganzes Leben bestimmen wird, kann junge Erwachsene ziemlich nervös machen. Bedenke jedoch folgendes:

- Es ist in Ordnung, eine Ausbildung abzubrechen, wenn der Beruf gar nicht zu dir passt.

- Es ist in Ordnung, in einem anderen Beruf als in deinem Ausbildungsberuf zu arbeiten.

- Viele Lebenswege sind von verschiedenen Berufen geprägt. Der klassische Weg, in welchem Menschen ihr ganzes Leben in einem Beruf und am besten bei einer/ einem Arbeitgeber*in bleiben, findet sich nur noch selten.

- So wie du dich in deinen Bedürfnissen, Wünschen und Vorstellungen entwickelst, kann sich über dein ganzes Leben hinweg deine Berufswahl entscheiden.

- Es ist in Ordnung, nicht zu wissen, welcher der beste Beruf für dich ist.

Im Internet finden sich unzählige Tests, die einen Hinweis auf einen passenden Beruf bieten.[162, 163] Was so einfach klingt, funktioniert in der Praxis selten. Die wenigsten Menschen arbeiten am Ende in einem der Berufe, die solche Tests ausgespuckt haben. Wichtiger als das Testergebnis ist allerdings die damit verbundene Beschäftigung mit deinen Fähigkeiten und Interessen. Diese geben einen Hinweis auf eine Reihe potenzieller Berufe. Folgende Fragen können dir bei der Berufsfindung helfen:

- Welche Hobbys habe ich?
- Was kann ich besonders gut?
- Was mag ich nicht, was fällt mir schwer?
- Was macht mir Spaß?
- Wie stelle ich mir mein Lieblingsarbeitsumfeld vor: umgeben von Menschen, versteckt zwischen Büchern oder mitten in der Natur?

Ob der gewählte Beruf am Ende wirklich zu dir passt, lernst du nur im Probieren und im Gespräch mit Menschen, die in deinem Wunschberuf bereits arbeiten (z. B. Verwandte, Bekannte, Jobmessen).

32. JOB-HOPPING UND KARRIERECHANCEN

Vielleicht kennst du aus deinem Verwandten- und Bekanntenkreis Menschen, die zeit ihres Lebens im selben Beruf und vermutlich noch in derselben Firma arbeiten. Solche Berufswege fallen heutzutage eher in die Kategorie »aussterbende Rasse«. Bereits die Ausbildungsvorschriften erlauben oft gar keine so strikte Festlegung. Stattdessen werden Berufe und Arbeitgeber*innen gewechselt. Umgangssprachlich wird in diesem Fall von Job-Hopping (wiederholter Arbeitsplatzwechsel) gesprochen.[164] Es gibt jedoch keine definierte Arbeitsplatzanzahl, ab welcher von Job-Hopping gesprochen wird.[165]

Die Ursachen für das Job-Hopping sind vielgestaltig.[166] Sie reichen von

- berufsbedingten Ursachen (z. B. Entlassungswellen in einzelnen Berufszweigen, bessere Arbeitsbedingungen in anderen Bereichen und Firmen, Auflösung ganzer Berufszweige, häufiger Arbeitsplatzwechsel im Rahmen der Ausbildung, Entstehung völlig neuer Berufe, Anstellung in Zeitarbeitsfirmen) über

- Karriereentscheidungen (z. B. verschiedene Arbeitgeber*innen zur Verbesserung des eigenen Portfolios, Auslandsaufenthalte für die Karriereleiter) bis hin zu

- individuellen Ursachen (z. B. Partner*in mit häufig wechselnden Berufsstandort, beispielsweise bei Piloten, Armeeangehörigen und Diplomaten).

Inwieweit sich Job-Hopping positiv oder negativ auf die Karriere auswirkt, wird kontrovers diskutiert. Zu kurz kommt dabei der Aspekt, dass sich hier keine allgemeingültigen Aussagen treffen lassen. Denn:

- Es gibt Berufszweige, in denen sind häufige Arbeitsplatzwechsel Voraussetzung für eine Karriere. Allen voran sind hier Managementberufe und Universitätsprofessuren zu nennen.

- In einigen Berufen sieht bereits die Ausbildung einen häufigen Wechsel der Arbeitgeber*innen vor, da jede*r einzelne Arbeitgeber*in nicht alle Ausbildungspunkte erfüllt. Das ist häufig anzutreffen in medizinischen und psychologischen Berufen.

Ob es sich für dich positiv oder negativ auswirkt, entscheidest du letztlich selbst. Immer dann, wenn dich ein*e potenziell neue*r Arbeitgeber*in auf deine häufigen Arbeitsplatzwechsel anspricht. Mit der richtigen Antwort, stehst du hier auf der sicheren Seite. Es bietet sich an, hier zu betonen, was du durch die Arbeitsplatzwechsel lernen konntest bzw. welche Qualifikationen du erwerben konntest.[167]

33. MEIN CHEF, DER IDIOT

In deiner Ausbildung ebenso wie den deinem künftigen Berufsleben, wirst du mit vielen verschiedenen Typen von Chef*innen konfrontiert werden. Nicht alle von ihnen werden sich wohlwollend dir gegenüber verhalten. Je nachdem, wie sich Vorgesetzt*innen dir gegenüber benehmen, kann das Arbeitsklima positiv oder negativ davon beeinflusst werden und dir mitunter das Leben schwer machen.

In der Literatur wird zwischen verschiedenen Typen von Vorgesetzt*innen unterschieden (es gibt allerdings keine einheitliche Kategorisierung der Vorgesetzt*innen). Zu nennen sind hierbei der Typ Bremsklotz, der Typ Kumpel, der Typ Wattebausch, der Typ Erbsenzähler*in, der Typ Intellektuelle*r und der Typ kreative*r Chaot*in. Die einzelnen Charakteristika dieser Chef*innentypen ergeben sich bereits aus den Bezeichnungen.

Aufgrund der sowohl in der Ausbildung als auch im Berufsleben bestehenden Hierarchie zwischen Vorgesetzt*innen und Angestellten (leider hat sich das norwegische Vorbild in Deutschland bisher nicht durchgesetzt), sind deine Möglichkeiten dich mit Vorgesetzt*innen zu arrangieren begrenzt.

Solltest du Vorgesetzt*innen haben, mit denen du nicht klar kommst, ist es hilfreich wenn du dich mit eurer Interaktion auseinandersetzt. Das bedeutet auch, dass du neben dem Verhalten deiner Vorgesetzt*innen, auch dein eigenes Verhalten überprüfst. Unter Berücksichtigung der oben genannten Arten von Vorgesetzt*innen, kannst du herausfinden wie du am besten mit deinen Chef*innen klar kommst ohne dabei selbst zu viele Federn zu lassen. Natürlich ist ein direktes Gespräch mit ein Vorgesetzt*innen immer eine gute Sache. Es kann jedoch sein, dass solch ein Gespräch nicht den für dich gewünschten Effekt hat. Auch hier ist es stark vom Typ der Chef*innen abhängig, wie sie/ er auf Gespräche mit Mitarbeiter*innen reagiert. In der Praxis kann man hier zwischen drei Arten von Kommunikation unterscheiden:

1. Es findet ein konstruktives Gespräch zwischen dir und deinen Vorgesetzt*innen statt. Gemeinsam versucht ihr eine Lösung für das besprochene Problem zu finden. Aus diesem Gespräch gehen konstruktive Lösungsansätze hervor, die nicht nur theoretisch auf dem Papier hängen bleiben, sondern von deinen Chef*innen auch in der Praxis umgesetzt werden. Im Idealfall wird dein*e Chef*in nach einem kurzen Testlauf eine Rückmeldung bei dir einholen, wie es mit den neuen Lösungsstrategien funktioniert.

2. Du führst ein Gespräch mit deinen Chef*innen, was sich für dich gut anfühlt und aus dem scheinbar konstruktive Lösungsansätze hervorgehen. Dein*e Chef*in hört dir während des Gesprächs zu, stellt

Fragen um deine Position zu verstehen und erarbeitet mit dir Veränderungsmöglichkeiten. In der Praxis zeigt sich dann jedoch, dass diese Lösungsvorschläge nicht umgesetzt werden und bereits nach ein bis zwei Tagen der alte Trott wieder eingekehrt ist. In diesem Fall machen die Vorgesetzt*innen zwar einen netten Eindruck, aber die konstruktiven Mitarbeiter*innengespräche sind eher pro forma.

3. Die dritte Form von Mitarbeiter*innengesprächen ist von einer starken Negativität geprägt. Hier treffen zwei Fronten (deine Ansichten, die Ansichten deiner Vorgesetzt*innen) aufeinander. Anstatt sich in deine Rolle hineinzuversetzen und den Versuch zu unternehmen, dich zu verstehen, fährt dein*e Chef*in auf Konfrontationskurs. Er wird versuchen, dich davon zu überzeugen, dass es kein Problem gibt und dass das bisherige Vorgehen weitergeführt wird. Am Ende solcher Gespräche wirst du starke Zweifel an deiner eigenen Wahrnehmung haben. Das ist von deinem Vorgesetzt*innen so gewollt. Denn aufgrund deiner Selbstzweifel, verlierst du auch die Objektivität für die Einschätzung deines Problems. Und so wie du an deiner Wahrnehmung zweifelst, zweifelst du auch an der Existenz des initialen Problems. Am Ende bleibt das Problem bestehen, ohne dass es einen konstruktiven Lösungsansatz gibt.

Während man bei den ersten beiden im Mitarbeiter*innengesprächen langfristig durchaus gut mit den Vorgesetzt*innen zusammenarbeiten kann, kann sich aus einem Mitarbeiter*innengespräch wie unter Punkt 3 beschrieben, eine schwierige und komplizierte Arbeitsbeziehung entwickeln. Hier ist es an dir zu entscheiden, ob du die Verhältnisse (die von Vorgesetzt*innen als nicht verändernswert beschrieben werden) weiterhin aushalten kannst/ möchtest oder ob du für dich die Konsequenz ziehst, die Ausbildung in dem jeweiligen Betrieb oder den Beruf in dem jeweiligen Betrieb nicht weiterzuführen.

Letztlich kann es auch seitens der Vorgesetzt*innen (unabhängig deren Hierarchieebene) zu einer Form des Mobbings gegenüber dir als Mitarbeiter*in kommen, parallel zum normalen Mobbing. Auch diese Form des Mobbings ist eine strafbare Handlung. Man spricht in diesem Fall vom sogenannten Bossing. Ein Mobbing des Vorgesetzten durch die Mitarbeiter*innen (auch das ist keine Seltenheit) wird als Staffing bezeichnet.

Für das Mobbing gibt es klare Definitionen. Als Mobbing wird ein Angriff einer oder mehrerer Personen auf eine andere Person verstanden. Im Fall des Bossing bedeutet es, dass ein oder mehrere Vorgesetzt*innen eine*n Mitarbeiter*in attackieren. Dabei dauert der Angriff über einen längeren Zeitraum und ist von einer Systematik gekennzeichnet. In der Praxis besteht das Problem, dass sich die Kriterien des Mobbings nicht so klar darstellen, wie sie in der Theorie formuliert werden.[168]

Häufig stellt sich Mobbing durch Vorgesetzt*innen wie folgt dar:

- Die eigene Arbeit wird oft und gegenüber anderen Mitarbeitern überproportional kritisiert.
- Du bekommst Arbeiten zugewiesen, die dich in hohem Maße unter- oder überfordern.
- Deine Vorgesetzt*innen stellen falsche Behauptungen dir gegenüber auf und verbreiten diese.
- Deine Vorgesetzt*innen versuchen dich von den übrigen Mitarbeitern zu isolieren.
- Im schlimmsten Fall kommt es zu Gewaltandrohungen.

Aus arbeitspsychologischer Sicht unterscheidet man beim Bossing zwischen zwei Kategorien: Entweder findet es auf der Arbeitsebene oder auf der sozialen Ebene statt. Wie die beiden Begriffe schon sagen, ist ein Bossing auf der Arbeitsebene vor allem durch ungerechtfertigte Kritik, unangebrachte Arbeitsanweisungen, Arbeitsübertragungen sowie durch Manipulationen deiner Arbeit gekennzeichnet. Demgegenüber umfasst das Bossing auf sozialer Ebene vor allem Aspekte der Verleumdung, der Isolation der Mitarbeiter*in, der Einschüchterung, der Gewaltandrohung, der Schikane und der Verbreitung von Unwahrheiten.

Solltest du das Gefühl haben, von deinen Vorgesetzt*innen gemobbt zu werden, ist es notwendig, dass du dir umgehend Hilfe holst. Vergiss dabei nicht, dass Mobbing kein Kavaliersdelikt ist. Auch nicht wenn es von einen Vorgesetzt*innen ausgeht. Vorgesetzt*innen, die sich des Mobbings gegenüber Mitarbeiter*innen bedienen, haben ein Problem auf der eigenen Persönlichkeitsebene. Es bedeutet nicht, dass mit dir etwas nicht stimmt. Wie man im speziellen Fall vorgeht, wenn man von Vorgesetzt*innen gemobbt wird, kannst du in den einschlägigen Foren und Literaturen im Internet nachlesen oder bei Anwält*innen erfragen.

34. EINGLIEDERN IN BETRIEBLICHE HIERARCHIEN: KING WIRD MAN SPÄTER

Der Einstieg in das Berufsleben, egal ob du eine Ausbildung, einen Job oder ein Studium startest, ist immer damit verbunden dass du dich in die betrieblichen Hierarchien einfinden musst. Was auf den ersten Blick für die meisten sehr einfach klingt, kann in der Praxis ziemlich schwierig werden. Nicht selten scheitern junge Menschen daran, wenn sie sich ihren Mitarbeiter*innen oder Vorgesetzt*innen untergeben müssen. Damit verbunden ist nicht, dass deine Mitarbeiter*innen und Vorgesetzt*innen mit dir machen können was sie wollen. Vielmehr sind sie dir gegenüber weisungsberechtigt. Und deine Aufgabe als jüngstes Teammitglied ist es, auf die Weisungen deiner Kolleg*innen und Vorgesetzt*innen zu hören und diese umzusetzen. Hier spielen deine eigenen Ideen und deine eigenen Vorlieben erst einmal keine Rolle. Wenn dein*e Chef*in dir eine Arbeit zuteilt und diese in deinem Arbeitsvertrag nicht ausdrückliche ausgeschlossen wurde, dann ist es an dir diese Arbeit zu erledigen. Selbst dann, wenn du diese Arbeit für sinnlos und unter deinem Niveau hältst. Solche Arbeiten können z. B. darin bestehen Kaffee zu kochen, Räume zu fegen oder Post von A nach B zu räumen. Natürlich sind das keine Arbeiten, die dich fordern und hochkomplexe Gedankengänge notwendig machen. Dennoch gehören sie zu den normalen Arbeiten eines Betriebes dazu, die gemacht werden müssen. Ein klärendes Gespräch sollte es erst dann geben, wenn du beispielsweise im Rahmen deiner Ausbildung wochen- und monatelang nichts anderes tust, als Kaffee zu kochen und das Büro aus zu fegen. Dann stimmt die Umsetzung deines Ausbildungsplanes nicht.

Ein weiterer Aspekt, der in den Kontext des Einfindens in die betriebliche Hierarchie gehört, ist dein Verhalten im Betrieb. Gerade frisch aus der Schule, ist es nicht immer einfach, sich in betrieblichen Strukturen einzuleben. Insbesondere, da sich diese deutlich von den Strukturen in der Schule (auch der Berufsschule) und dem privaten Umfeld unterscheiden. Mehr als im privaten Umfeld ist im betrieblichen Miteinander der respektvolle Umgang und die Achtung der Kolleg*innen und Vorgesetzt*innen notwendig. Dazu gehören auch ganz banale Dinge wie pünktlich zur Arbeit zu erscheinen, sich bei einer Erkrankung rechtzeitig abzumelden und einen Krankenschein einzureichen, die Hygieneregeln und die Kleiderordnung des Betriebes zu berücksichtigen sowie umzusetzen und weder dich noch andere durch ein unangemessenes Verhalten im Betrieb in Gefahr zu bringen. Weisen dich hier deine Mitarbeiter*innen oder Vorgesetzt*innen darauf hin, dass dein Verhalten inakzeptabel ist (das kann beispielsweise der Fall sein, wenn du außerhalb von Raucherzonen rauchst oder wenn du Speisen in Bereichen konsumierst, an denen der Verzehr von Speisen verboten ist) dann ist es an dir, dein Verhalten zu verändern ohne zu fluchen. In diesen Fällen gibt es keine Diskussion und du kannst nicht aushandeln, ob es für dich einen Sonderstatus gibt. Gleichzeitig bist du mit deiner Volljährigkeit kein Kind mehr. Das bedeutet, dass du dich nicht mehr auf den Kinderbonus beziehen kannst und dich dahinter verstecken kannst, nicht gewusst zu haben, wie man sich verhält. Solche Argumente lassen weder Mitarbeiter*innen noch Vorgesetzt*innen gelten. In der Regel folgen entsprechende Konsequenzen, wenn du dein Verhalten nicht änderst. Das kann bis zur Kündigung gehen. Da solche Verhaltensweisen auch in deinen Arbeitszeugnissen auftauchen, können sie deine Suche nach einer neuen Ausbildungsstätte oder nach einem neuen Job deutlich erschweren. Achte also darauf wie du dich in die betriebliche Hierarchie einfügst und beachte, dass du in dieser Hierarchie an unterster Stelle anfängst.

35. ÄRGER IN DER WOHLFÜHL-BUBBLE – ODER WIE TWITTER, TIKTOK & CO DAS GEFÜHLTE LEBEN VERKÜRZEN

Twitter und Co. sind eine willkommene Abwechslung für den Alltag und je nachdem wie häufig du diese Plattformen nutzt, werden sie dir wie ein stabiles und sicheres soziales Umfeld vorkommen. Das ist doch ein Trugschluss. Zum einen kennst du in der Regel nicht die Personen, die hinter den Avataren stecken. Auch bei Avataren, von denen davon auszugehen ist, dass Personen hier mit ihrem Klarnamen agieren, ist nicht sichergestellt, dass dies auch wirklich der Fall ist. Aus diesem Grund stellen solche Plattformen für viele Erwachsene eine Möglichkeit dar, den eigenen Frust loszuwerden, gegen andere Menschen zu hetzen oder dich zu kritisieren. Kurioserweise wirst du auch kritisiert, wenn Du völlig banale Dinge postest. Es ist mittlerweile Normalität, dass andere User deine Kommentare zerpflücken und jedes Wort auf die Goldwaage legen. Nicht immer erschließt sich die Logik dahinter und du wirst dich oft fragen, ob die Leute nichts Besseres zu tun haben. Spoiler: Da gibt es keine Logik. Auf Online-Plattformen werden alle Verhaltensregeln über Bord geworfen.

Wenn du das mehrere Male bereits erlebt hast, wirst du merken, welch einen Stress dieses Verhalten anderer User dir bereiten kann. Insbesondere dann, wenn sie dich in ihren Postings angreifen oder diffamieren. Auch hier kann eine Form von Mobbing entstehen, nur dass man diese schwer nachweisen kann. Hinzu kommt, dass viele Menschen nicht mehr zwischen Online-Plattformen und dem realen Leben unterscheiden können. Das führt bei einigen dazu, dass sie dich nicht nur auf den Online-Plattformen angreifen, sondern dann auch dein reales Leben unter Beschuss nehmen. Wenn du dir jetzt denkst »aber das sind ja alles Erwachsene, die machen so etwas nicht« muss ich dich leider enttäuschen. Auf den Plattformen wie Twitter und Co. sind es vor allem Erwachsene, die solch ein Verhalten an den Tag legen. Hier ist davon auszugehen, dass sie keine andere Form haben ihren Frust abzuladen. Dass damit andere Menschen verletzt werden, ist diesen Personen ziemlich egal. Hier empfiehlt es sich, stets seine Distanz zu diesen Online-Plattformen zu wahren und den Aufenthalt dort zu begrenzen. Das ist nicht immer einfach, aber von einfach war nie die Rede.

Nur wenn du ein ausreichendes reales soziales stabiles Umfeld hast, wo du dich wohlfühlst und wo du dich zeigen kannst wie du bist, hast du auch die Nerven, um dich mit aggressiver und aufdringlicher Kritik und der sexuellen Belästigung auf diversen Online-Plattformen auseinanderzusetzen. Selbst dann, wenn dafür am Ende der Einsatz von Anwälten und Polizei notwendig ist (das ist leider keine Seltenheit mehr). Dickpics gehören immer der Polizei gemeldet.

Fehlt dir hingegen dieses stabile reale soziale Umfeld, können dich diese Online-Plattformen derart in Beschlag nehmen und durch den harschen Umgang untereinander an deinen Nerven zehren, dass es sich wirklich anfühlt als würden Twitter und Co. meine Lebenszeit verkürzen. Das tun sie vermutlich erst dann, wenn du durch die aggressive Kommunikationspolitik eine psychische Erkrankung (z.B. Angststörung, Depression) entwickelst. Schneller jedoch kommt es zu Einbußen in deiner Lebensqualität. Denn unsere Psyche tut sich schwer damit, Kritik auf Online-Plattformen zu verarbeiten, da wir uns nicht wirklich wehren können. Letztlich ist es wie reden gegen die Wand, da diejenigen, die dich kritisieren, für dich als User nicht greifbar oder erkennbar sind. Du kannst nur auf einen kurzen Text reagieren ohne mehr über sie zu wissen. Gleichzeitig hast du das Gefühl, sie wüssten zu viel über dich. Lass dir also von Online-Plattformen (egal welche Art) weder Lebenszeit noch Lebensqualität rauben. Nutze sie als das was sie sind: Freizeitbeschäftigungen. Bedenke aber immer dabei, dass es nur eine Freizeitbeschäftigung unter vielen ist.

36. ANONYMES HATEN: OLD SCHOOL UND OUT

Wie bereits im vorherigen Kapitel beschrieben, können dir Online-Plattformen wie Twitter und Co. viele graue Haare bescheren. Ein Hauptaspekt dafür ist die Möglichkeit des anonymen Haten. Nirgends ist das so einfach wie auf Online-Plattformen, wo man keine Sicherheit über Klarnamen hat und wo es für die Justizbehörden schwierig ist, gegen Hater vorzugehen. Hinzu kommt, dass das Haten auf Online-Plattformen schnell zu einem Dominoeffekt führen kann. Das ist ähnlich vergleichbar mit Konflikten zwischen Schulhofcliquen. Sobald du gegen ein Mitglied einer Clique etwas unpassendes sagst oder etwas formulierst, was dieses Mitglied falsch interpretiert, siehst du dich plötzlich dem Hass der ganzen Clique ausgesetzt. Ähnlich verhält es sich auch auf den Online-Plattformen. Nur zieht es hier häufig Kreise und plötzlich erhältst du aggressive Postings von dir völlig unbekannten Personen im zwei und dreistelligen Bereich. Das kann eine durchaus ängstigende und gesundheitsschädliche Erfahrung sein. Leider gibt es niemanden, der auf einer Online-Plattform (unabhängig der Art der Plattform) noch nie mit anonymen Haten zu tun hatte. Du wärst also in bester Gesellschaft.

Was für dich gilt, gilt natürlich auch für andere. Auch dir ist es nicht gestattet auf Online-Plattformen oder über andere Plattformen anonymes

Haten zu betreiben. Mit dem Erreichen deiner Volljährigkeit, solltest du dir bewusst sein, dass anonymes Haten kein Kavaliersdelikt ist und je nach Art eine strafbare Handlung darstellt. Als Erwachsener kannst du dich nicht in damit rausreden, dass du ja nur ein bisschen Kritik üben oder den anderen ein bisschen ärgern wolltest. Die Gesetzlage steht hier nicht auf deiner Seite. Denke also bei allen Postings daran, ob du einen Shitstorm durch dein Haten lostrittst und ob es wirklich notwendig ist, dass du dich des anonymen Hatens bedienst. Zumal das anonyme Haten ein feiger Aspekt ist. Erwachsener wäre es, wenn du deinem Gegenüber deine Kritik konstruktiv und objektiv ohne Anonymität, ohne Bloßstellung, ohne Diffamierung und ohne Bedrohung mitteilst.

37. BODYSHAMING WAR GESTERN

Bodyshaming ist zurzeit in aller Munde, was darin liegt, dass es sich hier um ein wirklich ernstes Thema handelt. Es gibt wohl kaum einen jungen Erwachsenen, der Bodyshaming noch nicht am eigenen Leib erlebt hat. Auch wenn Frauen häufiger betroffen sind als Männer. Dabei bezeichnet Bodyshaming »die Diskriminierung bzw. Beleidigung von Menschen aufgrund ihres Körpers«[169]. Im Blickpunkt stehen hier so ziemlich alle körperlichen Merkmale wie beispielsweise Körpergewicht, Körpergröße, Nasenform, Hautbild, Fußform, Fingerlänge, Haarfarbe und Frisur. Forciert wird das Bodyshaming durch Medien und Modeindustrie. Zumindest wird Bodyshaming hier recht ungeniert ausgelebt. Doch auch in anderen Bereichen triffst du auf Bodyshaming. Egal, ob es sich dabei um den Verwandten- und Bekanntenkreis oder deinen Arbeitsplatz handelt.

Wenn gleich nicht so ausgeprägt wie im asiatischen Raum, bestimmt auch in unseren Breiten das Aussehen noch immer die Karrierechance.[170] So sind die Körpergröße bei Männern und das Gewicht bei Frauen entscheidende Karrierefaktoren.[171] Dabei haben große Männer und schlanke Frauen die besten Karrierechancen. Ein Umstand, den es heutzutage nicht mehr geben sollte. Die Bedeutung liegt auf »sollte«. Denn Bodyshaming ist viel weit verbreitet und wird sich in den Führungsetagen und an den Arbeitsplätzen erst ändern, wenn es sich an der Basis ändert. Und dazu kannst du auch du etwas beitragen.

Es zeugt nicht von Verantwortung und Erwachsensein, wenn du in das Horn der Bodyshamer bläst und ebenfalls Bodyshaming betreibst. Auch gut gemeinte Ratschläge können zum Bodyshaming führen. Vor allem, wenn du davon ausgehst, dass dein Gegenüber beispielsweise nur übergewichtig ist, weil er/sie/divers zu faul ist, Sport zu treiben oder sich gesund zu ernähren. Genau solche Äußerungen symbolisieren das klassische Bodyshaming.[172] Ganz zu schweigen davon, dass es diese laienhaften, pauschalisierenden Zusammenhänge aus medizinischer Sicht nicht gibt.[173]

Letztendlich ist Bodyshaming nichts anderes als eine Form des Mobbings. Und das solltest du als verantwortungsvoller Erwachsener vermeiden.

38. TWITTER & CO: DER MYTHOS VOM RECHTSFREIEN RAUM

Wer kennt sie nicht: die Freizeit, die wir auf Twitter und Co. verbringen. Und obgleich sich hier vor allem Erwachsene tummeln, ist von gesitteten Verhältnissen häufig nicht viel zu spüren. Gesittet bedeutet in diesem Fall nicht die strenge Aufsichtsperson mit Zeigestock und hochgezogenen Augenbrauen, die dich zu Strafaufgaben verdonnert, sobald du dich daneben benimmst. Auch wenn manchen Usern solch eine Begegnung durchaus einmal guttäte. Gesittet beinhaltet einen verantwortungsvollen Umgang mit diesen Medien. Klar, das hast du ganz sicher schon in der Schule gehört und bei deinen Ausflügen im Social-Media-Raum selbst erlebt. Dennoch sieht die Realität anders aus und die Grenze zur Überschreitung geltender Rechte ist nicht immer deutlich.

Merke: Auch wenn du anonym im Netz surfst, bewegst du dich nicht in einem rechtsfreien Raum.[174]

Alle kennen Kinderpornografie als Rechtsverstoß, der in Deutschland geahndet wird und der kein Kavaliersdelikt ist. Das ist jedoch nur ein Aspekt, wo Grenzen im Internet und auf Onlineplattformen überschritten und Gesetze gebrochen werden. Häufiger zu finden sind Urheberrechtsverletzungen. Vor allem, da sie schneller erledigt sind, als die meisten Leute denken. Schon das Weiterleiten eines Textes kann als Urheberrechtsverletzung gewertet werden, wenn die Originalquelle nicht genannt oder der Urheber entsprechenden Verteilungen nicht zugestimmt hat. Das wird dir spätestens dann besonders begegnen, wenn du im Rahmen deiner Ausbildung Abschlussarbeiten anfertigen musst. Urheberrechtsverletzungen (z.B. unzureichende Kennzeichnung von Grafiken, fehlendes Einverständnis des Urhebers für deine Veröffentlichung) und Plagiate (fehlende Kennzeichnung als Zitat) können für dich zu ernsthaften Konsequenzen bis hin zum Ausschluss von der Prüfung führen.

Folglich obliegen deine geposteten Inhalte, Up- und Downloads und deine besuchten Internetseiten deiner Verantwortung. Herausreden funktioniert in diesem Fall nicht. Denke daran, wenn du das nächste Mal jemanden in deinem Post angreifst, verunglimpfst, beleidigst oder mit Hass überschüttest. Was du im realen analogen Leben nicht tun würdest, solltest du auch nicht im Netz tun.

Letztlich gelten im Internet und auf den Onlinespielplätzen dieselben Rechte wie im analogen Leben. Diese betreffen insbesondere den Jugendschutz, den Schutz der Persönlichkeit, das Vertragsrecht, das Urheberrecht und den Käufer- bzw. Händlerschutz.[175] Auch wenn deren Umsetzung nicht immer einfach ist. Vor allem, da die Gesetze der analogen Welt an die digitale Welt angepasst werden müssen. Das ist bei den meisten Problemen in der digitalen Welt aber mittlerweile geschehen.[176]

39. TWITTER & CO.: REALES LEBEN GEHT ANDERS

Online-Plattformen sind Bestandteil des Alltags. Wir nutzen sie privat wie beruflich, wobei die Grenzen oft verschwimmen. Überwiegt das reale Leben, spricht auch nichts dagegen, Online-Plattformen wie Twitter und Co. zu nutzen. Sei es zum Abschalten, zum Austausch, zum Lachen oder zum Trostspenden.

Dennoch können Online-Plattformen das reale Leben nicht ersetzen. Insbesondere nicht, da der Kontakt immer nur ein begrenzter ist. Bei jeder Online-Plattform sehen wir nur einen winzigen, häufig aufgehübschten

Ausschnitt aus dem Leben einer anderen Person. Dabei wissen wir in der Regel weder, ob es diese Person real gibt, ob Texte und Bilder real sind und ob die geschilderten Probleme der Wahrheit entsprechen.

Leider reagieren wir Menschen auf herzzerreißende Stories über schwere Krankheiten, Schicksalsschläge und verstorbene Kinder. Einen Umstand, den sich Spendensammlungen zunutze machen. Dass damit Geld gemacht werden kann, haben auch Nutzer von Online-Plattformen erkannt. Diese sind häufig so professionell, dass man nicht mehr unterscheiden kann, ob sich hinter dem Posting eine reale Begebenheit versteckt. Das verlangt von allen Nutzern noch mehr Vorsicht als man es schon aus Spendensammelfakes des Reallebens kennt.

Wenn du jetzt denkst »Das passiert mir nicht, ich pass immer auf« muss ich dich leider enttäuschen: man ist schneller einem Fake und Betrügern aufgesessen als man Ja und Amen sagen kann. Das hat nichts mit Wissen und Intellekt zu tun. Selbst Polizisten, die täglich mit Telefonbetrügern konfrontiert werden, fallen auf selbige herein. Einfach, weil wir nicht dauernd den potenziellen Betrug im Hinterkopf haben. Das würde unser Leben auch ziemlich erschweren.

Umso wichtiger ist es, sich immer wieder bewusst zu machen, dass Onlineplattformen zwar Bestandteil des Alltags, aber nicht das reale Leben sind.

Sie können uns helfen und Ablenken. Sie lassen jedoch weder Einsamkeit und Probleme verschwinden, noch schaffen sie echte Beziehungen und Freundschaften. Das reale Leben passiert nicht online, sondern draußen vor der Tür.

40. KLARNAMEN AUF TWITTER & CO.: NUTZEN VS. HARAKIRI

Onlinespielwiesen gehören zum Alltag. Das ändert sich auch nicht mit dem Beginn der Volljährigkeit. Was sich hingegen ändert, sind die Schwierigkeiten, die man sich einhandeln kann. Denn Google und anderen Suchmaschinen sei Dank, ist der virtuelle Fußabdruck auch für Arbeitgeber*innen, Ausbilder*innen und potenzielle Kund*innen relevant. Dann kann der Inhalt deiner Postings auch einmal deine Berufswege durchkreuzen. Selbst Vermieter*innen nutzen diese Wege, um aus den Bewerber*innen für eine Wohnung zu entscheiden. Etwas, was gerade auf dem hart umkämpften Wohnungsmarkt ziemliche Probleme bereiten kann.

Bewegt man sich also auf den einzelnen Onlineplattformen, sollte man sich darüber im Klaren sein, was man postet und wer mitliest. Dazu gehört auch daran zu denken, wer sekundär alles mitliest. Wenn dein Umfeld deinen Nickname kennt, tragen sich Informationen wie im Dominoeffekt über deine Bekannt*innen weiter.

Bei allen Accounts, die du bereits hast, lohnt es sich spätestens jetzt, darüber nachzudenken, wer alles Zugriff hat und wer deinen Onlineverlauf lesen soll. Das Internet vergisst nichts. Und manche Karriere scheiterte an lasziven Strandposen vergangener Jugendtage.

Auf der anderen Seite machst du dich angreifbar, wenn ihr mit Klarnamen und womöglich noch Kontaktdaten auf Onlineplattformen unterwegs seid. Klar, hast du das sicher alles schon im Unterricht gehört und kennst dich sowieso aus. Dennoch landen viele auf dem Boden der Tatsache, wenn sie sich mit dem Erwachsenen-Mob auf Twitter und Co. konfrontiert sehen. Dagegen ist der Krieg mit kleinen Geschwistern harmonische Zweisamkeit. Vernunft und Respekt, was beides eigentlich das Verhalten von Erwachsenen lenken und leiten sollte, wird auf Onlineplattformen in 99,9 % der Fälle über Bord geworfen. Schaut man sich diverse Onlineplattformen an, geht es mittlerweile so weit,

- dass Menschen gemobbt und diffamiert werden,
- dass Menschen in ihrem realen Lebensumfeld bedroht werden,

- dass das Umfeld der Betroffenen (z.B. Familie, Arbeitskolleg*innen, Vorgesetzte) mit Falschaussagen überschüttet
- dass man – um die Wahrheit von Postings zu prüfen – Menschen mit Drohnen, Besuchen und Melderegisterauskünften ausspioniert,
- dass Menschen verklagt werden und
- dass Online-Schlammschlachten in der Presse erscheinen.

Das betrifft nicht nur Politiker*innen und Prominent*innen, sondern ganz normale Menschen wie dich und mich. Und die Rechtsprechung sieht hier wenig Schutz vor. Zum einen, weil die Bedrohung erst einmal bewiesen werden muss. Schließlich kann man ja vor einem Haus stehen, wo immer man will. Stalking, Bedrohung, Verleumdung, Rufschädigung und Mobbing werden zwar geahndet. Die Kriterien und Nachweisgrenzen (es gilt auch heute noch: im Zweifel für den Angeklagten) sind jedoch so hoch, dass solche Angriffe und Bedrohungen über lange Zeit unbehelligt ablaufen können. Hinzu kommt, dass Täter*innen nicht aufhören, nur weil man sich zur Wehr setzt.

Sicherlich kann man nicht jedes Problem im Vorfeld ausschließen. Man kann das Risiko jedoch reduzieren. Und den eigenen Umgang mit und auf Onlineplattformen, bezogen auf die Verwendung von Klar- und Nickname, Zugriffsrechten und Kontaktdaten, kritisch hinterfragen und anpassen.

41. PROBLEME AUSSITZEN – DER FALSCHE WEG

Erwachsene neigen dazu Probleme auszusitzen, wobei sich dieses Verhalten bei allen Arten von Problemen zeigt. Schwierig daran ist, dass es durchaus Probleme gibt, bei denen ein Aussitzen zwar zu keinem befriedigenden Ergebnis führt. Wo dein Aussitzen aber auch nicht zu einer Existenzgefährdung führt. Außer natürlich es handelt sich um deine verdörrte Zimmerpflanze. Hast du die Lieblingszimmerpflanze deiner Freundin oder deines Freundes zu Trockenobst verarbeitet, könnte natürlich auch dein Leben in Gefahr sein. Solche Probleme sind hier aber weniger gemeint.

Klassische Bereiche, in denen Probleme ausgesessen werden, sind:

- Prüfungsvorbereitungen (wer kennt nicht das Lernen auf den letzten Drücker)
- das Anfertigen von Abschluss- und Hausarbeiten in der Aus- und Weiterbildung
- das Anfertigen von Projekten, Vorträgen und Co. im Berufsleben
- Behördenpost (Verbrennen und Verbuddeln ist leider keine Option, da dich Behörden immer erreichen)
- Rechnungen (um das Begleichen kommst du nicht herum)
- Krankheiten (überschätze nicht deine Selbstheilungskräfte)
- Beziehungskonflikte (hier vermehren sich Konflikte mit zunehmender Dauer des Aussitzens)

Innerhalb des Aussitzens wird zwischen zwei Formen unterschieden: Das eine Aussitzen ist in der Tat ein Aussitzen. Auch besser bekannt als Negieren und Nichtstun. Die andere Form des Aussitzens lässt sich eher mit Innehalten, Abwarten und Planen beschreiben.[177] Während die erste Form des Aussitzens eher einem Glücksspiel gleicht (in der Regel geht dieser Weg schief), kann die zweite Form als Strategie gewertet werden. Hier entscheidest du, ob du bei einem Problem (z. B. Ärger mit einer/ einem Kolleg*in, Unterforderung im Beruf) erst einmal abwartest, in welche Richtung es sich entwickelt. Jedoch ist diese abwartende Strategie nicht für alle Probleme geeignet. Ebenso wenig lässt sich eine pauschale Aussage darüber treffen, wo es sich anbietet und wo nicht. Durchforstet man das Internet, so bietet sich ein abwartendes Aussitzen eher dann an, wenn

- es sich bei deinem Problem nicht um ein dringliches Problem (z. B. Abgabetermin in greifbarer Nähe) handelt,
- du nur einen Teil des Problem kennst (das betrifft vor allem Konflikte mit Kolleg*innen und Vorgesetzt*innen)

- du noch keine Lösung für dein Problem hast (hier ist es ratsam, sich Hilfe zu suchen) oder

- du die Folgen deiner Problemlösung noch nicht hinreichend erfassen kannst.[178]

Insgesamt steckt hinter dem Aussitzen immer das Vermeiden einer Konfrontation:

- Indem du die Rechnungen ignorierst, vermeidest du die Konfrontation mit deinen desolaten Finanzen und den Rechnungsstellern.

- Indem du deine Hausarbeit vor dir herschiebst, vermeidest du die Konfrontation mit deiner Angst zu versagen oder schlecht abzuschneiden.

- Indem du deinen Ärger im Beruf oder der Ausbildung herunterschluckst, vermeidest du die Konfrontation der Auseinandersetzung mit deinen Vorgesetzt*innen und die Konfrontation mit dem Ärger deiner Kolleg*innen.

Leider verschwinden unsere Probleme nicht vom Aussitzen. So sehr sich das jeder von uns ab und zu auch wünschen mag. Mach dir bewusst, dass deine Angst vor dem Problem und der Konfrontation schlimmer ist als die Realität. Denn unser Unterbewusstsein spielt uns hier einen Streich. Nichts ist so leicht für unser Unterbewusstsein wie uns mit Horrorszenarien zu versorgen:

- Ich lande unter der Brücke, wenn ich die Abschlussarbeit vergeige.

- Ich werde entlassen, wenn ich meine Kritik an den Kolleg*innen äußere.

- Ich lande im Gefängnis, wenn ich meine Rechnungen nicht begleiche.

- Meine Karriere kann ich mir abschminken, weil meine Vorgesetzt*innen mit meiner Präsentation nicht zufrieden sein werden.

Von diesen Gedanken bewahrheiten sich die wenigsten. Und wenn deine Vorgesetzt*innen deine Karriere canceln, weil deine Präsentation schlecht war, ist es vielleicht sowieso die falsche Firma für dich.

Wenn du es schaffst, dich aus der Angst und der Vermeidung zu befreien und zu handeln, statt das Problem auszusitzen, wirst du erkennen, dass sich dein Problem leichter löst als gedacht. Vor allem, wenn du in kleinen Portionen anfängst:

- Statt an einem Tag deine ganze Hausarbeit stemmen zu wollen: Nimm dir für jeden Tag eine Seite vor und bitte deine*n Professor*in um einen Aufschub des Abgabetermins.

- Statt eine Rechnung immer wieder wegzuwerfen: Melde dich bei dem Rechnungssteller und frage um eine Stundung oder um eine Abzahlung in Raten.

- Statt Konflikte mit Mitarbeiter*innen auszuhalten: frage Verwandte und Bekannte um Rat.

- Statt die Präsentation aufzuschieben: Überlege dir, ob du sie an eine*n Kolleg*in delegieren kannst.

Aus der Summe solcher kleinen Schritte ergibt sich die Lösung deines Problems in deinem Tempo. Natürlich ist dein Gegenüber nicht immer gut gelaunt und hoch erfreut, wenn du deine Rechnung nicht bezahlen oder deinen Abgabetermin nicht einhalten kannst. Dennoch sind die meisten Menschen daran interessiert, eine Lösung mit dir zu finden. Und sie schätzen es, wenn du die Verantwortung für dein Problem übernimmst und Lösungsvorschläge anbietest. Je öfter du dich das traust, umso seltener wirst du künftig Probleme aufschieben. Das beinhaltet also durchaus einen positiven Lerneffekt für dich, der auch dein Unterbewusstsein beeinflusst. Fortan wird es dich bei deinem Problem mit weniger ausgeprägten Horrorszenarien bombardieren. Vielleicht ist es sogar ganz stumm.

42. NUR DIE HARTEN KOMM' IN GARTEN – ODER WARUM HILFE OKAY IST

Der Spruch »Nur die Harten komm' in Garten« durchzieht alle Generationen und wird auch alle künftigen Generationen durchziehen. Seinen Höhepunkt hat dieser Spruch vor allem im Übergang vom Jugendlichen zum jungen Erwachsenen. Dabei beinhaltet er eigentlich nichts anderes als das überholte patriarchalische Prinzip von Unterordnung, Unterwerfung, Ausblendung von Gefühlen und Negation eigener Grenzen.

Für eine gewisse Zeit mag das funktionieren. Vor allem, wenn es dazu dient, uns selbst zu motivieren. Sei es in schwierigen Zeiten der Ausbildung, des Berufslebens oder zur Bekämpfung des inneren Schweinehundes beim Sport. Auf Dauer jedoch macht uns dieses Lebensmotto kaputt. Denn der Mensch ist keine Maschine, sondern eben Mensch mit allem was dazu gehört: Ängsten, Sorgen, Unlust, körperliche Einschränkungen. Manches davon können wir in einem gewissen Maß verändern und in Richtungen drängen, die wir anstreben. Leben wir hingegen dauerhaft nach diesen Maßstäben und kasteien wir uns in unserem Alltag, fällt es uns früher oder später ziemlich heftig auf die Füße:

- Unsere verdrängten Gefühle verschaffen sich Gehör und machen sich beispielsweise in körperlichen Problemen bemerkbar.

- Menschen wenden sich von uns ab, weil wir unnahbar, verbissen und zynisch geworden sind.

- Unsere Kinder verbringen ihre Zeit lieber ohne uns, weil in jedem Miteinander der Job dominiert.

- Unsere Partner*innen trennen sich, weil wir sie ausschließen und nebenher leben. Selbst bei Partner*innen mit gleichen oder ähnlichen Berufen führen Gespräche, die sich ausschließlich um den Beruf drehen, zu einer Austrocknung der Partnerschaft.

Am Ende steht man vor einem mehr oder minder großem Scherbenhaufen. Und der Bumerang wird umso schlimmer für uns, wenn auch das Ziel, was wir mit diesem Motto erreichen wollten, wegbricht. Denk nur an die

Schlagworte Depression und Burnout. Klar, das gehört ja eher zu den Alten. Leider kann uns das in jedem Alter erwischen. Nämlich immer dann, wenn wir über unsere Grenzen und Kräfte hinausgehen und an Lebensweisheiten denken, deren Verfallsdatum längst abgelaufen ist.

Nicht selten hört man diesen Spruch in der Ausbildung, im Studium oder im ersten Job. Selbstverständlich sind diese Dinge immer mit Schwierigkeiten verbunden, die bei jedem von uns unterschiedlich aussehen. Volljährigkeit bedeutet aber, die Verantwortung für sich zu übernehmen, für sich einzustehen und wirklich zu prüfen, ob die Anstrengung es wert ist. Hier geht es nicht darum, die Ausbildung gegen Couch und Netflix zu tauschen. Vielmehr geht es darum zu prüfen, ob beispielsweise die Ausbildungsrichtung oder der Ausbildungsort stimmen oder ob wir nur Studieren, weil es unsere Eltern wollen und es en vogue ist.

Man muss und sollte sich durch nichts durchprügeln. Das gilt für Ausbildungen und Berufe, ebenso wie für Hobbys, Freundschaften, Beziehungen und Probleme.

Übersteigen Probleme, Konflikte und Ansprüche das eigene Maß an Bewältigungsstrategie und Lösungssuche, ist es völlig legitim, sich Hilfe zu holen. Die Angebote sind so vielfältig wie die Problemfelder. Wichtig dabei ist, dass JEDES Problem bedeutend ist. Oft neigen wir dazu unsere Probleme zu relativieren. Gerade, wenn uns oben genannter Ausspruch entgegenschlägt. Auch kleinste Probleme können dich aus der Bahn werfen. Darum kannst, darfst und solltest du dir Hilfe holen, ganz egal wie klein dein Problem für dich scheint.

Die folgende Liste zeigt dir einen kleinen Ausschnitt potenzieller Hilfen, an die du dich wenden kannst:

- Du kannst andere Menschen, wie Kolleg*innen, Eltern, Freunde, Bekannte um Rat fragen.

- Du kannst dich anonym per Email an das Team von u25-deutschland wenden (www.u25-deutschland.de), die sich auf die Nöte von unter 25-Jährigen spezialisiert und eine Krisenberatung (allgemeine Krisenberatung, Helpmail) initiiert haben.

- Du kannst dich anonym an die Telefonseelsorge wenden: per Telefon (0800/1110111; 116123); per Email (www.online.telefonseelsorge.de) oder vor Ort (www.telefonseelsorge.de/vor-ort/)

- Du kannst dich an deinen Hausarzt/ deine Hausärztin wenden.

- Du kannst dir eine Therapeutin/ einen Therapeuten suchen.

- Du kannst dir einen Coach suchen.

Der Unterschied zwischen Therapeut*innen und einem Coach besteht in deren Ansatz. Während der Therapeut eher nach den Ursachen deiner Probleme sucht und diese mit dir bearbeitet, steht für den Coach die rasche Lösungsorientierung im Vordergrund. Bezüglich der Kosten, trägst du die Kosten für einen Coach selbst. Je nach Krankenkasse und Verfügbarkeit sowie Kassenzulassung der Therapeut*innen, wird ein begrenztes Stundenkontingent und damit die Therapiekosten von der Krankenkasse bezahlt.

Sich Hilfe zu holen, ist keine Schande, sondern in erster Linie ein Zeichen von Stärke. Wohingegen der Spruch »Nur die Harten komm' in Garten« nichts anderes ist als der Inbegriff von Schwäche. Denn Stärke braucht keine ich-prügel-mich-da-durch-Mentalität.

43. IN NACHBARS GARTEN IST DAS GRAS GRÜNER – ODER DIE ABSURDITÄT VON VERGLEICHEN

Jeder von uns kennt Situationen, in denen wir uns vergleichen: mit Freunden, mit Kollegen, mit Geschwistern oder einfach nur mit völlig wildfremden Menschen auf der Straße, im Restaurant oder im Fitnessstudio.

Bereits Kleinkinder vergleichen sich mit anderen. Sie brauchen die Vergleiche, um das eigene Selbst zu entwickeln und Unterschiede wahrnehmen zu können. Ein Vergleich schafft Gewissheit, dass Äpfel und Birnen verschiedene Dinge sind, dass es gefährliche und ungefährliche Tiere gibt oder dass es Lebensmittel gibt, die besser schmecken als andere.

Der Unterschied der Vergleiche im Kindesalter mit unseren Vergleichen als nun Erwachsene*r liegt in der Art der Bewertung, der eigenen Stellung zum Vergleich und den daraus folgenden Konsequenzen.

Kleinkinder haben die Fähigkeit, einen sich im Vergleich zeigenden Unterschied einfach als solchen stehen zu lassen. Für ein Kind ist und bleibt der Unterschied nur ein Unterschied. Dieser Unterschied führt weder dazu, dass sie sich schlecht fühlen, noch dass sie am eigenen Wert zweifeln: dem übersteigerten Selbstwert des Kleinkindes sei Dank. Dabei würde vielen jungen Erwachsenen ein wenig mehr des kindlichen Verständnisses von »ich bin Superwoman/ Superman« ganz guttun. Vor allem, wenn unsere Vergleiche dazu führen, uns selbst in seinem Licht dastehen zu lassen.

Anders als im Kleinkindalter führen Vergleiche im Erwachsenenalter dazu, dass man sich schlechter fühlt als das Gegenüber. Selten kommt man bei den Vergleichen besser weg. Die Ursache dafür liegt in der Verschiebung des rein rationalen Objektvergleichs (grün ist nicht gleich rot) hin zu einem Werturteil (grün ist besser als rot). Je nach individueller Ausprägung wird die Wertung auf das Individuum bezogen. Dann wäre Grün nicht nur besser als Rot. Sondern Rot würde auch mich selbst in meinem Menschsein und Selbstwert zu etwas schlechterem machen. Mit dieser Form von Vergleichen macht man sich selbst das Leben ziemlich schwer.

Vergleiche lassen sich nicht ausgrenzen. Und auch sich vorzunehmen, weder Vergleiche anzustellen, noch daraus Rückschlüsse auf den eigenen Wert zu ziehen, löst sie nicht in Luft auf. Aber jeder kann einen Schritt zurücktreten und sich bewusst machen: Ich stecke gerade in einem Vergleich. Ich kenne die Hintergrundsituation des Gegenübers gar nicht. Ich werte mich, trotz unzureichender Faktenlage ab.

Ein wirksames Mittel, um der aus Vergleichen resultierenden Selbstsabotage entgegenzuwirken, ist es, den eigenen Selbstwert zu steigern. Bei aller Hochkomplexität arbeitet unser Gehirn ziemlich primitiv. Es reagiert auf einfache visuelle und akustische Signale. Aus diesem Grund verbessert sich der eigene Selbstwert, indem man sich jeden Morgen vor dem Spiegel selbst Lob und den Tag mit einem Kompliment an sich selbst startet. Glaubst du nicht? Probiere es aus! Am Anfang mag es seltsam sein und bei nicht wenigen springen Erziehungsmuster an, die Eigenlob verbieten. Dabei ist ein gesundes Maß an Eigenlob sehr wichtig, um nicht zum Spielball unserer Umgebung und von deren Maßstäben abhängig zu werden. Ähnlich wirksam ist es, sich jeden Abend drei Dinge zu notieren, für die man tagsüber dankbar war, und drei Dinge, die man tagsüber an sich mochte.

In Nachbars Garten mag das Gras grüner sein. Aber ist es auch gesund? Steckt nicht stundenlange schweißtreibende und mitunter langweilige Arbeit dahinter? Sich mit einem Endresultat zu vergleichen ist einfach. Beziehen wir jedoch den Weg bis zum Resultat und unsere eigenen Vorlieben, Stärken und Schwächen mit ein, wird schnell deutlich, dass der Vergleich hinkt.

Die Lebenszeit, die wir auf Vergleiche verschwenden, sollten wir lieber in schöne Momente investieren, die uns stärken, nähren und motivieren.

44. BEZIEHUNG FÜR DUMMIES

Beziehungen sind nie einfach, egal wie alt man ist. Sicher fragst du dich jetzt, warum das Thema »Beziehung« in einem Buch über Volljährigkeit auftaucht. Der Schlüssel liegt hier wie in vielen anderen Volljährigkeitsthemen in der Verantwortung und deiner freien Entscheidung.

Beziehung aus Sicht der Verantwortung bedeutet[179],

- dass du klare Grenzen formulierst und die Grenzen deiner Partner*innen achtest,
- dass du respektvoll und achtsam mit deinen Partner*innen umgehst,
- dass du deine Partner*innen keiner Gesundheitsgefahr aussetzt (Spoiler: ungeschützter Sex mit wechselnden Partner*innen ist im Zeitalter von AIDS und Co. totaler Mist; informierst du deine Partner*innen nicht über eine ansteckende Erkrankung, hat das rechtliche Konsequenzen für dich)
- nicht mit den Gefühlen der Partner*innen zu spielen,

- deine Partner*innen nicht erziehen und umerziehen zu wollen (Spoiler: das klappt definitiv nie)

- sich des Einfluss der eigenen Kindheit auf die späteren Beziehungen bewusst zu werden,

- sich Zeit zu nehmen die Partner*innen kennenzulernen,

- Zeit mit den Partner*innen zu teilen und sich dennoch Freiräume zu lassen, und

- eine gemeinsame Kommunikation und Gesprächsebene zu etablieren.

Im Fokus der freien Entscheidung, liegt es an dir deine Beziehungen zu gestalten und zu leben, wie es sich für dich richtig anfühlt. Vorausgesetzt, du schadest deinen*r Partner*in nicht. Nicht alles, was man mag, ist auch erlaubt. Das soll hier aber nicht das Thema sein. Trotz Vielfalt in den Beziehungen, ist deren gesellschaftliche Akzeptanz auch heute noch nicht überall gegeben. Fällst du aus dem Raster der klassischen heterogenen Beziehung zwischen cis-Partner*innen[180, 181], wirst du dich mit Vorurteilen konfrontiert sehen, die dich entweder subtil oder offensichtlich erreichen. Statt wie ein Kind trotzig auf Vorurteile zu reagieren oder in Sandkastenmanier Fäuste und Schaufel sprechen zu lassen, kannst und solltest du dich mit der Volljährigkeit anders gegen Vorurteile wehren. Überlasse hochkochenden Emotionen nicht das Feld, sondern investiere die Kraft der Wut und des Ärgers lieber in den erwachsenen Kampf gegen Vorurteile. Auf der anderen Seite solltest du reflektieren, ob, wo und in welchem Umfang du selbst von Vorurteilen geleitet wirst und über Beziehungen urteilst. Was du an Vorurteilen dir gegenüber nicht möchtest, solltest du selbst auch anderen nicht zufügen. Was hier so leicht klingt, ist im Alltag mitunter gar nicht so einfach. Vor allem, da unser Umfeld uns Vorurteile in einem Maß vorlebt, dass wir sie als solche nicht mehr erkennen. Nicht immer handelt es sich dabei um Vorurteile bezüglich der beiden Partner*innen, die eine Beziehung leben. Oft sind es spezielle Beziehungsaspekte, die in die Waagschale geworfen werden, wie zum Beispiel:

- Dein*e Partner*in macht zu wenig/ zu viel im Haushalt.
- Ihr bestellt zu viel beim Lieferservice. Bestimmt seid ihr zu faul zum Kochen.
- Eure Fenster sind schmutzig. Bestimmt ist eure gesamte Wohnung ein Saustall.
- Bei euch brennt die ganze Nacht Licht. Bestimmt habt ihr keinen Bock zu arbeiten.
- Dein*e Partner*in passt mit ihren Tattoos nicht in deine Familie.
- Bei eurem Altersunterschied werdet ihr nie glücklich.
- Dein*e Partner*in will nur dein Geld.

Diese Liste könnte man beliebig erweitern. Lässt du dich von derartigen Vorurteilen beeinflussen, wird es deine Beziehung schwer haben. Gleichzeitig gilt auch hier: Du solltest als Erwachsener nicht Absender solcher Vorurteile sein. Denn wie zwei Menschen miteinander leben, ist allein deren Problem.

45. KINDERZEUGEN IST NICHT SCHWER – PLÖTZLICH ELTERN!

Wie Kinder entstehen wirst du bereits wissen. Ebenso wirst du wissen, wie Verhütung funktioniert. Dennoch kann es auch in jungen Jahren passieren, dass man plötzlich Eltern wird. Vermutlich denkst du jetzt: Das wird mir nie passieren. Diesen Gedanken hatten schon viele Menschen vor dir. Leider interessiert es so ein Spermium herzlich wenig, was du denkst. Andererseits gibt es auch nicht DEN richtigen Zeitpunkt für ein Baby. Es ist meistens irgendwie zu früh, zu unpassend, zu viel oder zu kompliziert. Dennoch funktioniert es recht gut. Und auch in komplizierten und ausweglosen Situationen, gibt es Hilfen:

- anonymes Hilfetelefon für Schwangere (0800-4040020)
- Online-Beratung des Hilfetelefons »Schwangere in Not« (www.schwanger-und-viele-fragen.de/de/)
- regionale Beratungsstellen (siehe oben)
- Stiftung Hilfe für die Familie (www.stiftunghilfe.de/schwangere-in-not)
- Elterntelefon »Nummer gegen Kummer« (0800-1110550)

Allein die Info, dass ein Baby im Anmarsch ist, stellt das eigene Leben ziemlich auf den Kopf. Bei allem Heldenmut, ist es sinnvoll sich hier Hilfe zu holen. Du wirst noch viele Gelegenheiten haben, alles rund um Schwangerschaft und Baby neu zu lernen und das Rad neu zu erfinden (das erfinden alle Eltern neu). Dennoch tut es gut, jemanden an der Hand zu haben, mit dem du reden kannst. Neben den oben genannten Nummern kannst du dich auch an deine Verwandten und Bekannte, an Freund*innen und Ärzt*innen wenden. Ganz unabhängig davon, ob du die Mutter oder der Vater des Kindes bist. Fragen entstehen bei allen Beteiligten.

Erwachsensein bedeutet, dass du und dein*e Partner*in euch gemeinsam mit der Schwangerschaft auseinandersetzt und den richtigen Weg für euch findet. Das sollte nicht allein bei der Frau hängen bleiben. Immerhin waren an der Entstehung des Babys ja auch zwei Personen beteiligt, wenn man vom biologischen Normalfall ausgeht. Sich hier aus der Verantwortung zu ziehen, zeugt nicht von Erwachsensein. Auch nicht unter dem Deckmantel von Angst und Überforderung. Denn die hat deine Partnerin auch. Für Frauen bedeutet Verantwortung zu übernehmen auch, den Kindsvater zu informieren. Spätestens für Unterhaltsleistungen ist der Kindsvater relevant. Daneben bereuen es viele Männer, nicht zu wissen, dass sie Vater geworden sind.

Entscheidest du dich allein oder gemeinsam mit deiner/ deinem Partner*in für das Baby gibt es neben der Planung der Schwangerschaft und der Geburt einige Regularien zu beachten. Hier geht es vor allem darum, die Arbeitgeber*innen zu informieren. Das gilt auch für Väter. Diese müssen spätestens sieben Wochen vor Beginn der Elternzeit ihre Arbeitgeber*innen informieren. Der Kündigungsschutz, der sich aus der Elternzeit für Väter ergibt, beginnt jedoch erst acht Wochen vor der Elternzeit. Auch heute noch sind Gespräche über Elternzeit für werdende Väter schwierig und nicht immer ist der Ausgang positiv.[182] Eine derartige Ungewissheit erwartet die Frau jedoch auch. Sich davor zu drücken ist also keine verantwortungsvolle Option.

Gemeinsam könnt und müsst ihr euch Wege überlegen, wie ihr die verschiedenen Schwierigkeiten meistern werdet. Dazu gehören nicht nur Dinge wie die Auswahl der richtigen Babyausstattung, sondern eben auch die Klärung der Elternzeit und der Karriereplanung. Frauen sollten hier nicht automatisch zurückstecken, nur weil man das »immer so« gemacht hat. Diese Zeiten sind überholt, auch wenn es in den Köpfen mancher Männer noch nicht angekommen ist. Zum Glück beweisen viele Paare, dass es mit einem guten Kompromiss für beide funktionieren kann.

46. DAS EIGENE KIND ALS WUNSCHERFÜLLER

Vielleicht wunderst du dich, warum das Thema Kinder und Kinderwunsch in einem Buch über Volljährigkeit aufgegriffen wird. Das liegt zum einen daran, dass nicht unerheblich wenige junge Menschen sich schnellstmöglich Kinder wünschen, um nachzuholen, was in ihrer eigenen Kindheit fehlte. Andere wiederum werden ungeplant Eltern. Zum anderen, beschränkt sich die Volljährigkeit ja nicht auf die winzige Spanne des 18. Lebensjahres. Vielmehr ist sie der Punkt über deinem ganzen restlichen Leben. Zu einem Kind kommt man also durchaus schneller als einem lieb ist.

Dazu gehört, dass du mit Beginn der Volljährigkeit auch selbst entscheiden kannst, ob du ein Kind möchtest oder nicht.

Bei jedem Kinderwunsch sollte man sich allerdings damit auseinandersetzen, warum man ein Kind möchte. Nicht selten wünschen sich Menschen ein Kind, damit sie nicht mehr allein sind, damit sie jemanden versorgen können, damit sie eine Familie haben, damit sie eine Kindheit nachholen können, die sie hatten oder damit es jemanden gibt, der sie liebt. Bei all diesen Punkten wäre es ratsamer, sich ein Haustier anzuschaffen. Denn hierbei geht es primär um die Erfüllung der Bedürfnisse des künftigen Elternteils. Diese Wunscherfüllung in der Bedürfnisbefriedigung ist jedoch nicht die Aufgabe eines Kindes. Kein Elternteil der Welt hat einen Anspruch darauf, dass ein Kind die eigenen Bedürfnisse stillt. Und jene, die das als Eltern praktizieren, verursachen schwere Schäden in der Entwicklung, der Psyche und des Selbstwerts ihres Kindes. Der Funfact am Rand: Auch mit Kind kann man einsam und allein sein. Ganz zu schweigen davon, dass die Versorgung eines Kindes eine Herausforderung ist, die nicht nur von Schönwettermomenten gekennzeichnet ist. Jede Mutter, vor allem die, die gerade mit Babys allein zu Hause sind, können ein Lied davon singen, wie mutterseelenallein, überlastet und verloren man sich trotz allem Babycharme und aller Liebe für das Kind fühlen kann. Schlafmangel, finanzielle Sorgen und die hohen Anforderungen des Umfeldes fordern hier starke Nerven. Und das bis zur Volljährigkeit des Kindes ohne Option auszusteigen. Kinder lassen sich nicht umtauschen oder zurückgeben. Gerade, wenn Kinder zu Wunscherfüllern degradiert werden, sind die Belastungen durch das Großziehen eines Kindes oft um ein Vielfaches höher. Denn die eigenen initialen Bedürfnissen nach Liebe, Verschwinden der Einsamkeit und Familie bleiben in hohem Maß unbefriedigt. Am Ende kippt der Kinderwunsch ins Negative. Nicht, weil die Kinder schlecht sind. Sondern, weil sie eben keine Wunscherfüller, sondern eigenständige, schutzbedürftige Individuen sind.

Bereits bei jungen Menschen und jungen Paaren kann ein Kinderwunsch sehr stark sein. Obgleich man die Vielzahl dieser Lebensgeschichten eher aus dem angloamerikanischen Sprachraum kennt. Hinzu kommen Paare mit ausgeprägten Altersunterschieden, die keine Seltenheit sind. Selbst wenn bei dir der Kinderwunsch noch nicht stark ausgeprägt ist oder in deinem Denken noch keinen Raum eingenommen hast, kannst du dich morgen Hals über Kopf in eine/n ältere/n Partner*in verlieben, für den oder die das Thema auf der Tagesordnung steht. Leben verläuft ja nicht in den klassischen Bahnen und hält sich vor allem selten an gesellschaftskonforme Zeiten.

Tritt der Wunsch nach einem Kind stark in den Vordergrund und beschäftigen sich Paare oder Einzelpersonen intensiv mit den Möglichkeiten des Kinderkriegens (insbesondere, wenn sich der Kinderwunsch auf natürlichem Weg nicht erfüllt), gibt es in Deutschland die Möglichkeit zur künstlichen Befruchtung und zur Adoption. Jedoch handelt es sich hier um zwei Optionen, die dir nicht automatisch mit der Volljährigkeit zur Verfügung stehen.

Die Adoption eines Kindes ist in Deutschland erst ab dem 25. Lebensjahr bei uneingeschränkter Geschäftsfähigkeit möglich. Eine Ausnahme bilden Ehepaare. Hier ist es ausreichend, wenn einer der Partner das 25. Lebensjahr und der andere das 21. Lebensjahr vollendet hat.[183] Ebenso steht es dir, im Rahmen dieser Altersgrenzen, frei, das Kind deines Lebenspartners oder deiner Lebenspartnerin zu adoptieren. Seit dem 2017 gelten die Adoptionsgesetze in Deutschland auch für gleichgeschlechtliche Ehen.[183]

Parallel zur Adoption liegt die Untergrenze zur künstlichen Befruchtung bei 25 Jahren.[184] Im Gegensatz zur Adoption sind die Altersobergrenzen jedoch streng definiert und liegen bei der Frau bei 40 Jahren und beim Mann bei 50 Jahren. Für dich mit der neu gewonnenen Volljährigkeit sind diese Altersobergrenzen zwar noch nicht spruchreif. Aber, wie bereits gesagt, man weiß nicht, an welche/n Partner*in man sein Herz verliert. Neben dem Alter entscheiden medizinische Indikationen und Erkrankungen/ Störungen über die Möglichkeit und das Verfahren der künstlichen Befruchtung, die hier jedoch kein Thema sein sollen.

47. BELÄSTIGUNG IST KEIN KAVALIERSDELIKT

Jeder weiß, dass Belästigung kein Kavaliersdelikt ist. Trotzdem gehört sie zum Alltag. In der Rechtsprechung wird zwischen verschiedenen Formen der Belästigung unterschieden:

1. Belästigung als Ordnungswidrigkeit (§ 118 OWiG)[185],

2. Belästigung als Nachstellung (§ 238 StGB),

3. Sexuelle Belästigung als körperliche Berührung gegen den Willen der anderen Person im öffentlichen Raum (§ 184i StGB)[186],

4. Sexuelle Belästigung in verbaler, nonverbaler, psychischer und physischer Form gemäß des Allgemeinen Gleichbehandlungsgesetzes (AGG) (§3 Absatz 4) am Arbeitsplatz[187],

5. Nichtsexuelle Belästigung gegenüber einer Person (z.B. Nachbarschaftsstreitigkeiten).

Der Absatz 1 des §118 des OWiG definiert eine Ordnungswidrigkeit als eine »grob ungehörige Handlung [...], die geeignet ist, die Allgemeinheit zu belästigen oder zu gefährden und die öffentliche Ordnung zu beeinträchtigen«[188].

Während die Belästigung der Allgemeinheit klar geregelt ist, hinkt die Verankerung der sexuellen Belästigung in den Gesetzbüchern hinterher. Insbesondere, da im Strafgesetzbuch (StGB) nur eine physische sexuelle Handlung den Tatbestand der strafrechtlichen Handlung darstellt. Damit wird nicht der Tatsache Rechnung getragen, dass sexuelle Belästigung weit über die körperliche Berührung hinausgeht. Lediglich das AGG bezieht das mit ein.

Nichtsexuelle Belästigungen, die sich nicht gegen die Allgemeinheit, sondern gegen eine einzelne Person richten, werden je nach Art der Belästigung in den verschiedenen Gesetzbüchern geregelt.

Unabhängig der Art der Belästigung, kannst du dafür rechtlich belangt werden. Die Strafen variieren zwischen Geldbußen und Gefängnisstrafen.

48. FÄUSTE BLEIBEN IM RING

Volljährigkeit bedeutet, die Fäuste im Ring zu lassen, auch wenn Wut und Ärger hochkochen. Und bei manchen Anforderungen, die das Erwachsensein an dich stellen wird, wirst du eine Menge Wut und Ärger spüren. Beides kann sich in Aggression äußern.

Je nach Fachgebiet werden Aggressionen unterschiedlich differenziert.[189]

Als praktisch für die Alltagsaggressionen hat sich die Unterscheidung in die folgenden vier Formen erwiesen[190]:

1. Passive Aggression (verborgene Aggression, Konflikte werden nicht ausgetragen und nicht angesprochen),

2. Heiße Aggression (ausgelebte Aggression: Schreien, Umsichschlagen, Wutanfälle),

3. Kalte Aggression (emotionslose Aggression: Machtspiele, Mobbing, Ziele müssen um jeden Preis erreicht werden) und

4. Konstruktive Aggression.

Im Gegensatz zu den ersten drei Aggressionsformen, stellt die konstruktive Aggression den Motor unseres Lebens dar.[190] Hierbei handelt es sich weniger um die negativen Aggressionen als vielmehr um Wut und Ärger, die es dir ermöglichen

- Konflikte anzusprechen und konstruktiv Lösungen zu finden,
- Probleme zu lösen,
- Orte, die dir nicht gut tun (z. B. die Firma mit schlechtem Arbeitsklima) zu verlassen,
- den Mut für Veränderungen zu finden oder
- neue Wege einzuschlagen (getreu dem Motto: und ich schaffe das doch).

Bei dieser Aggressionsform bleiben die Fäuste in der Tasche. Nicht so bei den übrigen drei Aggressionsformen. Auch wenn die passive Aggression eher wie ein unterwürfiges Verhalten imponiert, gleichen diese Menschen einem brodelnden Schnellkochtopf, der irgendwann explodiert. Hier leidet das Gegenüber durch das passiv-aggressive Verhalten, das sich zumeist in Form von verbalen Attacken, Missachtung oder Respektlosigkeit zeigt.

Bei allen Formen ist es wichtig, die eigenen Aggressionen unter Kontrolle zu haben. Anderenfalls bringst du das Leben anderer Menschen in Gefahr, wenn du beispielsweise

- andere Verkehrsteilnehmer nötigst,
- Mitarbeiter*innen beleidigst und mobbst,
- körperliche Gewalt gegenüber Freund*innen ausübst,
- Personen mit Missachtung strafst oder
- fremdes Eigentum beschädigst.

In diesen Fällen begehst du eine Straftat, für die du zur Rechenschaft gezogen werden kannst.

49. ÜBERMUT TUT SELTEN GUT: DROGENPARTIES HELFEN NIE

Mit der Volljährigkeit kommt auch die unbegrenzte Freiheit des Drogenkonsums. Laut dem Europäischen Drogenbericht 2019 nahmen 16 % (19,1 Millionen) der Jugendlichen und jungen Erwachsenen (15 bis 34 Jahre) in der EU Drogen.[191]

Aus rechtlicher Sicht ist der Konsum, auch illegaler Drogen, noch nicht strafbar. Anders sieht es aus für den Handel (Ein-, Aus- und Durchfuhr, In-Verkehr-Bringen), die Verabreichung, den Erwerb, den Anbau, den Besitz und die Herstellung von Drogen.[192, 193] Da Konsum zumindest nicht ohne den Besitz, den Erwerb oder den Anbau von Drogen möglich ist, begibst du dich mit dem Konsum von Drogen also immer in die strafbare Illegalität. Hier erwarten dich Freiheitsstrafen bis zu fünf Jahren. Zumindest, was den Drogenkonsum in Deutschland angeht. In anderen Ländern ist der Drogenkonsum anders geregelt. Wilde Drogenparties können also den Urlaub zu einem Gefängnisausflug werden lassen. Das betrifft unter anderem die USA, die eine strikte Drogenpolitik verfolgen. Unverhältnismäßig hohe Haftstrafen sind hier keine Seltenheit. Wird dir hier der Verkauf unterstellt, drohen dir Gefängnisstrafen zwischen 15 Jahren und lebenslänglich.[194] Anders als in Deutschland bedeutet »lebenslänglich« in den USA tatsächlich lebenslänglich. Andere Länder wie Ägypten, Japan, Thailand und die Malediven ahnden Drogendelikte auch mit der Todesstrafe.[195]

50. PICKNICK AM SEE UND DER MÜLL DANACH

Vielleicht erinnerst du dich noch an die eigenen frühen Kindertage, hast kleine Geschwister oder kleine Kinder im Verwandten- und Bekanntenkreis. Schaut man sich bei denen Kinderzimmer, Wohnzimmer, Küchen, Gärten und Autos an, mag man geneigt sein zu glauben, ein Tsunami hätte gewütet. Kleinkinder neigen dazu sich dem Moment des Spiels vollkommen hinzugeben. Dazu gehört auch, Spielsachen jedweder Art im Raum zu verteilen. Kommen Hunger, Durst und Müdigkeit dazu, hat man irgendwann den typischen Zustand eines Kleinkindhaushaltes. Wer da auf die Idee kommt, aufgeräumte Wohnungen und kekskrümelfreie Autos anzustreben, hat den Kampf schon verloren bevor er begonnen hat. Nun magst du dich fragen, was dieser Ausflug ins Kinderaufräummüllchaos mit deiner Volljährigkeit zu bedeuten hat. Alterstechnisch vermutlich nicht sehr viel. Aber – von einigen Ausnahmen abgesehen – plagen sich die meisten von uns auch als junge Erwachsene mit dem Aufräumen. Natürlich gibt es die ganz Disziplinierten, die alle Gegenstände nach der Benutzung wegräumen, nach jedem Essen abwaschen oder die ausgezogenen Socken direkt in den Wäschesack werfen. Im Großen und Ganzen scheitert das jedoch am Alltag mit seinen Anforderungen. Und wenn du in einen neuen Lebensabschnitt wie die Ausbildung oder das Studium startest, wirst du wissen, was gemeint ist. Trotz hohen Anforderungen, Stress, Müdigkeit und Unlust die Balance zwischen Ausbildung/ Beruf und Haushalt zu finden, ist ein sich entwickelnder Prozess. Die meisten von uns bekommen die Balance irgendwann recht gut hin. Und finden vor allem ihren eigenen Wohlfühlbereich. Ein nicht zu unterschätzender Punkt dabei ist, dass dir niemand vorschreiben kann, wie viel Unordnung für dich okay ist. Nicht jeder ist für clean living oder Minimalismus gemacht. Das ist völlig normal und sollte dir keine frühzeitigen grauen Haare bescheren. Das soziale Umfeld in Kombination mit Hochglanzmagazinen kann erdrückend und mahnend sein, wenn es um aufgeräumte Wohnungen geht. In deinen eigenen vier Wänden bist du der Chef, sofern du dich an die Spielregeln hältst und sich kein Ungeziefer zwischen deinen stinkenden Müllbergen häuslich niederlässt.

Anders sieht es hingegen in der Öffentlichkeit aus. Hier ist dein Kinderbonus weg und deine Eltern sind nicht mehr dafür zuständig, deinen fallengelassenen Müll hinter dir aufzuräumen. Auch die feuchtfröhliche Feier nachts am Strand mit Lagerfeuer unterm Sternenzelt entschuldigt nicht für achtsam weggeworfenen und liegengelassenen Müll. Von illegal abgeladenem Müll ganz zu schweigen. Zum einen muss deinen Müll (und sei es nur die unachtsam weggeworfene Zigarettenkippe) am Ende jemand beseitigen. Zum anderen verschmutzt du die Umwelt, von der wir Menschen leider nur eine haben.

Je nachdem, was du an Müll liegen lässt, drohen empfindliche Bußgelder. Das achtlose Wegwerfen einer Zigarettenkippe gilt als unzulässige Abfallentsorgung und stellt eine Ordnungswidrigkeit dar. Diese wird je nach Bundesland mit 50 Euro (NRW) bis 120 Euro (Berlin) geahndet.[196] Landet deine Kippe bei Waldbrandgefahr auf dem Boden werden es locker 25.000 Euro. Ohne, dass es brennt. Und ja, auch im Wald fällt auf, was du tust.

Es empfiehlt sich, die Busgeldkataloge deines Bundeslandes zu diesem Thema einmal zu googeln.[197] Die Beträge variieren je nach Art des Mülls zwischen zwei- und vierstelligen Summen. Ausgaben, die leicht vermeidbar sind, und Geld, was man besser für andere Zwecke einsetzen kann.

Je nach Region und Wohnort kann es bereits teuer werden, wenn die Trennung deines Haushaltsmülls zu wünschen übrig lässt. Vor allem, wenn deine Nachbarn kein besseres Hobby haben, als den Müll der jungen Student*innen zu kontrollieren.

Für den eigenen Geldbeutel, die eigene Polizeiakte und die Umwelt gehört Müll jeder Art richtig entsorgt. Sollte dir der Sinn danach stehen, Müll fallen zu lassen, wo du gerade gehst und stehst, dann in deinen eigenen vier Wänden. Ob du auf deinen pelzigen und lebendig gewordenen Pizzaresten ausrutscht, ist kostenlos.

QUELLENANGABEN

1 Schütz, A. & Röhner, J. (2020). Selbstwert. In: Wirtz, M.A. (Hrsg.), Dorsch - Lexikon der Psychologie. Abrufbar unter https://portal.hogrefe.com/dorsch/selbstwert/ (letzter Zugriff am 12.06.2020).

2 Becker, C. (2017). Das passiert mit Jugendlichen beim »WalkAway«. Abrufbar unter: https://www.welt.de/vermischtes/article165241459/Das-passiert-mit-Jugendlichen-beim-WalkAway.html [Letzter Zugriff: 23.07.2020].

3 Gumnior, D. (2020). Weltreise mit Kindern. Abrufbar unter: https://www.flipflopblog.de/weltreise-mit-kindern/ [Letzter Zugriff: 23.07.2020].

4 Konieczko, A., Schleger, D. (2020). Weltreise planen. Abrufbar unter https://www.geh-mal-reisen.de/weltreise-planen/weltreise-nach-corona/ [Letzter Zugriff: 23.07.2020].

5 buchfink (2020). Nach anfänglicher Hektik folgt Unsicherheit. Abrufbar unter: https://www.sozialinfo.ch/fachwissen/gastbeitrag/meine-besten-tipps-fuer-den-umgang-mit-stress-zeitmangel-und-druck-in-krisenzeiten/buchfink-ueber-stress.html [Letzter Zugriff: 23.07.2020].

6 BGB (2010). Bürgerliches Gesetzbuch (BGB), § 1626 Elterliche Sorge, Grundsätze. Abrufbar unter: https://www.gesetze-im-internet.de/bgb/__1626.html [Letzter Zugriff: 23.07.2020].

7 Handelsblatt (2020). Das müssen Eltern ihren Kindern bezahlen. Abrufbar unter: https://www.handelsblatt.com/finanzen/steuern-recht/recht/studium-und-finanzen-teil-2-wann-eltern-ihre-kinder-zwingen-duerfen-daheim-zu-wohnen/10252334-3.html?ticket=ST-982945-McpolUUr5FamN2DGmylw-ap4 [Letzter Zugriff: 23.07.2020].

8 Rhein, A. (2019). Wohnrecht von Kindern: Welche Ansprüche haben sie und welche Rechte haben Eltern? Abrufbar unter: https://www.aktiv-online.de/ratgeber/wohnrecht-von-kindern-welche-ansprueche-haben-sie-und-welche-rechte-haben-eltern-3734 [Letzter Zugriff: 23.07.2020].

9 Handelsblatt (2020). Das müssen Eltern ihren Kindern bezahlen.

10 immowelt (2020). Mietspiegel in Deutschland. Abrufbar unter: https://www.immowelt.de/immobilienpreise/deutschland/mietspiegel [Letzter Zugriff: 23.07.2020].

11 Wiemer, C. (2017). Kostenüberblick Rechner: Was eine eigene Wohnung kostet. Abrufbar unter: https://www.erstewohnung-ratgeber.de/einnahmen-kosten/kostenuberblick/ [Letzter Zugriff: 23.07.2020].

12 Ambros, M. (2020). Mindestalter beim Führerschein: Wie alt Sie zum Fahren sein müssen. Abrufbar unter: https://www.fuehrerscheinfix.de/mindestalter/ [26.08.2020].

13 Ambros, M. (2020). Mindestalter beim Führerschein: Wie alt Sie zum Fahren sein müssen.

14 o. A. (2020). Führerscheinklassen alt neu im Vergleich. Abrufbar unter: https://www.kfz-auskunft.de/info/fuehrerscheinklassen2.html [Letzter Zugriff: 26.08.2020].

15 ADAC (2020). Autokosten - Vergleiche. Abrufbar unter: https://www.adac.de/infotestrat/autodatenbank/autokosten/autokosten-vergleich/default.aspx?ComponentId=35230&SourcePageId=0 [Letzter Zugriff: 23.07.2020].

16 klicksafe (2020). Abzocke im Internet. Abrufbar unter: https://www.klicksafe.de/themen/einkaufen-im-netz/abzocke-im-internet/ [Letzter Zugriff: 26.07.2020].

17 klicksafe (2020). Abzocke im Internet.

18 Rittelmeier, H. (2020). Abofalle im Internet: Beispiele für die Abzocke im Netz. Abrufbar unter: https://www.computerbetrug.de/abofallen/beispiele [Letzter Zugriff: 26.07.2020].

19 Verbraucherzentrale Niedersachsen e. V. (2017). Mein (erstes) Girokonto. Abrufbar unter: https://www.verbraucherzentrale.de/sites/default/files/2017-11/Checkliste_mein_erstes_Girokonto.pdf [Letzter Zugriff: 27.08.2020].

20 Autor und Herkunft unbekannt

21 Lauenstein, M. (2020). Lebensentwürfe. Befreit euch!. Die Zeit, Nr. 10, 27.02.2020.

22 Bundeszentrale für politische Bildung (bpb) (2009). Lebensentwürfe. Abrufbar unter: https://www.bpb.de/apuz/31700/lebensentwuerfe [Letzter Zugriff: 24.07.2020].

23 Meister, G. (2014). Wir Getriebenen. Abrufbar unter: https://www.stern.de/lifestyle/erfolgsmenschen/wir-getriebenen--warum-wir-heutzutage-zum-erfolg-verdammt-sind-3475136.html [Letzter Zugriff: 25.07.2020].

24 Pabst, W. (2020). Wirtschaftspsychologie: Lebens- und Arbeitsqualität leiden unter steigendem Erfolgsdruck. Abrufbar unter: https://www.psychologie-aktuell.com/news/aktuelle-news-psychologie/news-lesen/wirtschaftspsychologie-lebens-und-arbeitsqualitaet-leiden-unter-steigendem-erfolgsdruck.html [Letzter Zugriff: 25.07.2020].

25 o. A. (2020). Schule und Eltern. Abrufbar unter: https://eltern.bildung-rp.de/fileadmin/user_upload/eltern.bildung-rp.de/Kurzinfo/Schule_und_Eltern_Grundlagen_der_Kooperation.pdf [Letzter Zugriff: 25.07.2020].

26 sofatutor GmbH (2020). Schulwechsel - das muss beachtet werden. Abrufbar unter: https://magazin.sofatutor.com/schueler/schulwechsel-das-muss-beachtet-werden/#_Gruende%20fuer%20den%20Wechsel [Letzter Zugriff: 25.07.2020].

27 Künkler, U.J. (2020). Schulwechsel. Abrufbar unter: https://www.besser-bilden.de/schulwechsel-tipps-mobbing/ [Letzter Zugriff: 25.07.2020].

28 Priboschek, A. (2019). Tränen, Enttäuschung und Wut: Wenn das Kind nicht an der Wunschschule unterkommt, ziehen etliche Eltern vor Gericht. Abrufbar unter: https://www.news4teachers.de/2019/01/traenen-enttaeuschung-und-wut-wenn-das-kind-nicht-an-der-wunschschule-unterkommt-ziehen-etliche-eltern-vor-gericht/ [Letzter Zugriff: 25.07.2020].

29 VER.DI Jugend (2020). Rechte von Auszubildenden. Abrufbar unter: https://www.ausbildung.info/rechte-in-der-ausbildung [Letzter Zugriff: 27.08.2020].

30 DGB Jugend (2020). Dein Recht. Abrufbar unter: https://jugend.dgb.de/ausbildung/dein-recht [Letzter Zugriff: 27.08.2020].

31 Uniturm (2020). Rechte und Pflichten im Studium. Abrufbar unter: https://www.uniturm.de/magazin/recht/rechte-und-pflichten-im-studium-1259 [Letzter Zugriff: 27.08.2020].

32 Verbraucherzentrale (2018). Familienversicherung in der Krankenkasse: Wer kostenlos mit rein kommt. Abrufbar unter: https://www.verbraucherzentrale.de/wissen/gesundheit-pflege/krankenversicherung/familienversicherung-in-der-krankenkasse-wer-kostenlos-mit-rein-kommt-28982 [Letzter Zugriff: 27.08.2020].

33 Güssler, G. (2020). Familienversicherung in der GKV und PKV. Abrufbar unter: https://www.kv-fux.de/wissenswertes/private-krankenversicherung/familienversicherung/ [Letzter Zugriff: 27.08.2020].

34 KV (2020). Check-up - alle 3 Jahre kostenloser Gesundheits-Check. Abrufbar unter: https://www.kvberlin.de/30patienten/30vorsorge/40check/index.html [Letzter Zugriff: 27.08.2020].

35 Auswertiges Amt, ZfA, Goethe-Insitut e.V., DAAD & PAD (2020). Ausgehen unter 18 - so feiern Jugendliche. Abrufbar unter: https://www.pasch-net.de/de/lernmaterial/stadt-leben/ausgehen-unter-18.html [Letzter Zugriff: 24.07.2020].

36 Ambros, M. (2020). Unentschuldigte Fehlstunden in der Ausbildung können ernste Folge haben. Abrufbar unter: https://www.abmahnung.org/unentschuldigtes-fehlen-ausbildung/ [Letzter Zugriff: 24.07.2020].

37 Liebertz, L. (2020). Schulpflicht. Abrufbar unter: https://www.jugendinfo.be/bildung/schulpflicht.php [Letzter Zugriff: 24.07.2020].

38 Institut für Qualitätsentwicklung Mecklenburg-Vorpommern (2017). Schulabsentismus. Abrufbar unter: https://www.bildung-mv.de/export/sites/bildungsserver/downloads/Schulabsentismus_Handlungsleitfaden_mit_Anlagen_170607.pdf [Letzter Zugriff: 24.07.2020].

39 Ambros, M. (2020). Gesetzliche Nachtruge: Im Mietrecht oft ein Thema. Abrufbar unter: https://www.mietrecht.com/nachtruhe/ [Letzter Zugriff: 24.07.2020].

40 ZfKD (2019). Malignes Melanom der Haut. Abrufbar unter: https://www.krebsdaten.de/Krebs/DE/Content/Krebsarten/Melanom/melanom_inhalt.html [Letzter Zugriff: 27.08.2020].

41 DKG-web Redaktion (2017). Solarium und Hautkrebs. Abrufbar unter: https://www.krebsgesellschaft.de/onko-internetportal/basis-informationen-krebs/bewusst-leben/sonne-und-freizeit/solarium-und-hautkrebs.html [Letzter Zugriff: 27.08.2020].

42 ZfKD (2019). Malignes Melanom der Haut.

43 Sailer, R. (2016). Hätten Sie's gewusst? - Arzt muss Komplikationen bei Piercing-Patienten der Krankenkasse melden. Abrufbar unter: https://oberarzt-heute.de/haetten-sies-gewusst-arzt-muss-komplikationen-bei-piercing-patienten-der-krankenkasse-melden [letzter Zugriff: 03.07.2020]

44 Pasch (2015). Komplikationen nach Tattoos, Piercing und Co. Abrufbar unter: https://www.arzt-wirtschaft.de/komplikationen-nach-tattoos-piercing-und-co/ [Letzter Zugriff: 03.07.2020]

45 Consortia Springer Medizin (2018). Komplikationen beim Ohr-Piercing nicht unterschätzen!. MMW - Fortschritte der Medizin 160, 8 (2018). https://doi.org/10.1007/s15006-018-0057-4

46 Siegmund-Schultze, N. (2008). Piercing - Unter die Haut: Körperschmuck mit Risiken. Dtsch Arztebl, 105(28-29): A-1542/ B-1329/ C-1297.

47 Casinopilot24 (2020). Ab ins Casino: In die Spielothek ab 21 oder schon ab 18?. Abrufbar unter: https://casinopilot24.com/guide/casino-alter-21-oder-18 [Letzter Zugriff: 28.07.2020].

48 BZgA (2017). Verzockt - Informationen zur Glücksspielsucht für Jugendliche. Köln: Bundeszentrale für gesundheitliche Aufklärung (BZgA).

49 Sun (2009). Glücksspielsucht: Informationsangebote für Jugendliche. Deutsches Ärzteblatt, PP, Nr. 8, S. 340.

50 Rev (2009). Glücksspielsucht betrifft viele Jugendliche. Abrufbar unter: https://www.t-online.de/leben/familie/erziehung/id_19411110/gluecksspielsucht-betrifft-viele-jugendliche.html [Letzter Zugriff: 28.07.2020].

51 Bundesarbeitsgemeinschaft Kinder- und Jugendschutz e.V. (BAJ) (2020). Jugendschutz in Europa. Abrufbar unter: https://www.protection-of-minors.eu/de/rquest/4 [Letzter Zugriff: 28.07.2020].

52 BZgA (2020). Alkohol? Kenn dein Limit. Abrufbar unter: https://www.kenn-dein-limit.info/gesetzliche-regelungen.html [Letzter Zugriff: 01.07.2020].

53 Deutsche Hauptstelle für Suchtfragen e. V. (DHS). Alkohol. Abrufbar unter: https://www.dhs.de/suchtstoffe-verhalten/alkohol.html [Letzter Zugriff: 01.08.2020].

54 Esanum (2019). Alkohol schädigt Hirnzellen schnell und nachhaltig. Abrufbar unter: https://www.esanum.de/today/posts/hirnschaeden-alkohol-wirkt-sechs-wochen-nach [Letzter Zugriff: 23.08.2020].

55 Irrsinnig Menschlich e. V. (2020). Filmriss: Alkohol. Abrufbar unter: https://www.irrsinnig-menschlich.de/hilfe/alkohol/ [Letzter Zugriff: 01.07.2020].

56 IKK (2020). Rettung naht: Die besten Anti-Kater Tipps. Abrufbar unter: https://www.ikk-classic.de/gesund-machen/leben/mittel-gegen-kater [Letzter Zugriff: 23.08.2020].

57 Zipprich, A. & Holstege, A. (2020). Leberzirrhose. Abrufbar unter: https://www.gastro-liga.de/fileadmin/download/Leberzirrhose_139-01-16.pdf [Letzter Zugriff: 23.08.2020].

58 Zipprich, A. & Holstege, A. (2020). Leberzirrhose.

59 BDI (2020). Leberzirrhose: Auswirkungen und Komplikationen. Abrufbar unter: https://www.internisten-im-netz.de/krankheiten/leberzirrhose/auswirkungen-komplikationen.html [Letzter Zugriff: 23.08.2020].

60 BDI (2020). Leberzirrhose: Prognose & Verlauf. Abrufbar unter: https://www.internisten-im-netz.de/krankheiten/leberzirrhose/prognose-verlauf.html [Letzter Zugriff: 23.08.2020].

61 Broelsch, C.E. (2020). Lebertransplantation bei alkohol-toxischer Leberzirrhose. Abrufbar unter: https://lebertransplantation.eu/die-leber/vergiftungen/lebertransplantation-bei-alkohol-toxischer-leberzirrhose/ [Letzter Zugriff: 23.08.2020].

62 BDI (2020). Leberzirrhose: Prognose & Verlauf.

63 Broelsch, C.E. (2020). Lebertransplantation bei alkohol-toxischer Leberzirrhose.

64 BGV Info Gesundheit e.V. (2020). Organtransplantation Leber. Abrufbar unter: https://www.bgv-transplantation.de/leber.html [Letzter Zugriff: 23.08.2020].

65 BGV Info Gesundheit e.V. (2020). Wartezeit. Abrufbar unter: https://www.bgv-transplantation.de/wartezeit.html [Letzter Zugriff: 23.08.2020].

66 Bundesministerium der Justiz und für Verbraucherschutz (2017). Jugendschutzgesetz (JuSchG). Abrufbar unter: https://www.gesetze-im-internet.de/juschg/BJNR273000002.html [Letzter Zugriff: 01.08.2020].

67 o. A. 2016). Rauchen in Kalifornien erst ab 21 Jahren erlaubt. Abrufbar unter: https://www.aerzteblatt.de/nachrichten/68098 [Letzter Zugriff: 01.08.2020].

68 o. A. (2016). Rauchen in Kalifornien erst ab 21 Jahren erlaubt.

69 BZgA (2020). Rauchen macht psychisch und körperlich abhängig? Abrufbar unter: https://www.rauch-frei.info/bleibe-rauchfrei/wahr-oder-falsch/antwort/rauchen-macht-psychisch-koerperlich-abhaengig.html [Letzter Zugriff: 01.08.2020].

70 Hackshaw, A., Morris, J.K., Boniface, S., Tang, J.L., Milenković, D. (2018). Low cigarette consumption and risk of coronary heart disease and stroke: meta-analysis of 141 cohort studies in 55 study reports BMJ, 360:j5855.

71 Bundesarbeitsgemeinschaft Kinder- und Jugendschutz e.V. (BAJ) (2020). Die Vorschriften im Einzelnen. Kino. Abrufbar unter: https://www.jugendschutz-aktiv.de/informationen-fuer-gewerbetreibende-und-veranstalter/die-vorschriften-im-einzelnen/kinos.html [letzter Zugriff: 11.07.2020]

72 Neurowissenschaftliche Gesellschaft e.V. (2020). Was passiert im Gehirn, wenn wir einen Horrorfilm anschauen? Abrufbar unter: https://www.dasgehirn.info/aktuell/frage-an-das-gehirn/was-passiert-im-gehirn-wenn-wir-einen-horrorfilm-anschauen [letzter Zugriff: 11.07.2020]

73 Hannebohn, Y. (2018). Wenn Computerspielen zur Krankheit wird. Abrufbar unter: https://www.deutschlandfunk.de/zwischen-spass-und-sucht-wenn-computerspielen-zur-krankheit.724.de.html?dram:article_id=431524 [Letzter Zugriff: 01.08.2020].

74 Herrmann-Hügel, A.M. et al. (2020). WHO rät wegen Corona zu Computerspielen. Abrufbar unter: https://www.esports.com/de/who-raet-wegen-corona-zu-computerspielen-82508 [Letzter Zugriff: 01.08.2020].

75 Becker, M. (2019). Stimmt das Bild vom dicken, ungesunden Zocker? Abrufbar unter: https://www.fr.de/wissen/stimmt-bild-dicken-ungesunden-zocker-11413920.html [Letzter Zugriff: 01.08.2020].

76 Mai, J. (2020). Computerspiele: Zocken macht produktiv und kreativ. Abrufbar unter: https://karrierebibel.de/computerspielen/ [Letzter Zugriff: 01.08.2020].

77 Simons, C. (2017). Darum lernen Gamer schneller und besser. Abrufbar unter: https://www.welt.de/kmpkt/article169351241/Darum-lernen-Gamer-schneller-und-besser.html [Letzter Zugriff: 01.08.2020].

78 Statista (2020). Durchschnittliches Heiratsalter lediger Frauen in Deutschland von 1991 bis 2018. Abrufbar unter: https://de.statista.com/statistik/daten/studie/1329/umfrage/heiratsalter-lediger-frauen/ [Letzter Zugriff: 02.08.2020].

79 Statista (2018). Statistiken zum Thema Scheidung. Abrufbar unter: https://de.statista.com/themen/134/scheidung/ [Letzter Zugriff: 02.08.2020].

80 Stahl, S. (2015). Das Kind in dir muss Heimat finden. München: Kailash.

81 iurFRIEND®AG (2020). Ablauf einer Scheidung. Abruf unter: https://www.scheidung.de/ablauf-der-scheidung.html [Letzter Zugriff: 01.08.2020].

82 bpb (2020). Wahlrecht/ Wahlsystem. Abrufbar unter: https://www.bpb.de/nachschlagen/lexika/handwoerterbuch-politisches-system/202211/wahlrecht-wahlsystem [Letzter Zugriff: 27.08.2020].

83 Fehndrich, M., Zicht, W. & Cantow, M. (2017). Wahlsystem der Bundestagswahl. Abrufbar unter: https://www.wahlrecht.de/bundestag/ [Letzter Zugriff: 27.08.2020].

84 Deutscher Bundestag (2015). Regelungen zum Ausschluss des Wahlrechts. Abrufbar unter: https://www.bundestag.de/resource/blob/409146/c5dda4d4d8ee0cf57ac0d0d3c65da5d7/WD-3-132-15-pdf-data.pdf [Letzter Zugriff: 27.08.2020].

85 Winter; E. (2018). Prozessfähigkeit. Abrufbar unter: https://wirtschaftslexikon.gabler.de/definition/prozessfaehigkeit-44615 [Letzter Zugriff: 28.08.2020].

86 BMJV (2020). Erben und Vererben. Abrufbar unter: https://www.bmjv.de/SharedDocs/Publikationen/DE/Erben_Vererben.pdf?__blob=publicationFile&v=33 [Letzter Zugriff: 28.08.2020].

87 Rilg, A.D. et al. (2020). Erbrecht. Abrufbar unter: https://www.iww.de/fk/archiv/erbrecht-besonderheiten-bei-der-annahme-und-ausschlagung-der-erbschaft-durch-einen-minderjaehrigen-f31751 [Letzter Zugriff: 28.08.2020].

88 BMJV (2020). Erben und Vererben. Abrufbar unter: https://www.bmjv.de/SharedDocs/Publikationen/DE/Erben_Vererben.pdf?__blob=publicationFile&v=33 [Letzter Zugriff: 28.08.2020]

89 dpa (2018). Nur zwei bis drei Prozent der Menschen in Deutschland spenden Blut. Abrufbar unter: https://www.aerzteblatt.de/nachrichten/95832/Nur-zwei-bis-drei-Prozent-der-Menschen-in-Deutschland-spenden-Blut [Letzter Zugriff: 02.08.2020].

90 Gombotz, H. et al. (2013). Patient Blood Management. Stuttgart: Thieme.

91 AMBOSS (2020). Intra- und postpartale Blutungen. Abrufbar unter: https://www.amboss.com/de/wissen/Intra-_und_postpartale_Blutungen [Letzter Zugriff: 02.08.2020].

92 AMBOSS (2020). Intra- und postpartale Blutungen.

93 Österreichisches Rotes Kreuz (2020). Information zur Blutspende. Abrufbar unter: https://www.roteskreuz.at/blutspende/informationen-zur-blutspende/ [Letzter Zugriff: 02.08.2020].

94 BZgA (2020). Rückstellung und Ausschluss von der Blut und Plasmaspende. Abrufbar unter: https://www.blutspenden.de/blut-und-plasmaspende/rueckstellung-und-ausschluss/ [Letzter Zugriff: 02.08.2020].

95 BZgA (2020). Statistiken zur Organspende für Deutschland und Europa. Abrufbar unter: https://www.organspende-info.de/zahlen-und-fakten/statistiken.html [Letzter Zugriff: 27.08.2020].

96 Piekarz, C. & Piekarz, P. (2020). Miete - Wertbildende Faktoren und Berechnung. Abrufbar unter: https://www.mietrecht.de [Zugriff: 02.07.2020]

97 Ambros, A. (2020). Die Ruhezeiten in Deutschland: Wann sind sie und was ist währenddessen erlaubt? Abrufbar unter: https://www.mietrecht.com/ruhezeiten/ [Letzter Zugriff: 02.07.2020]

98 Piekarz, C. & Piekarz, P. (2020). Schönheitsreparaturen. Abrufbar unter: https://www.mietrecht.de/mietvertrag/schoenheitsreparaturen/ [Letzter Zugriff: 02.07.2020]

99 Maßmann, A. et al. (2020). Düsseldorfer Tabelle 2020 - Unterhaltstabelle ab 01.01.2020. Abrufbar unter: https://www.unterhalt.net/duesseldorfer-tabelle.html [Letzter Zugriff: 22.08.2020].

100 Rhein, A. (2019). Wohnrecht von Kindern: Welche Ansprüche haben sie und welche Rechte haben Eltern? Abrufbar unter: https://www.aktiv-online.de/ratgeber/wohnrecht-von-kindern-welche-ansprueche-haben-sie-und-welche-rechte-haben-eltern-3734 [Letzter Zugriff: 22.08.2020].

101 B.Z. (2017). Das sind die wichtigsten Regeln im Hotel Mama. Abrufbar unter: https://www.bz-berlin.de/ratgeber/das-sind-die-wichtigsten-regeln-im-hotel-mama [Letzter Zugriff: 22.08.2020].

102 Stangl, W. (2020). Selbstreflexion. Abrufbar unter: https://lexikon.stangl.eu/7084/selbstreflexion/ [Letzter Zugriff: 25.07.2020].

103 Neufeld, I. (2020). Endlich volljährig: Welche Pflichten Sie als Eltern bei volljährigen Kindern haben. Abrufbar unter: https://www.elternwissen.com/familienfinanzen/familienrecht/art/tipp/endlich-volljaehrig-welche-pflichten-sie-als-eltern-bei-erwachsenen-kindern-haben.html [Letzter Zugriff: 25.07.2020].

104 Wilbrand-Donzelli, n. (2017). Endlich 18! Was ändert sich im Zusammenleben mit den Eltern. Abrufbar unter: https://www.t-online.de/leben/familie/schulkind-und-jugendliche/id_66391260/18-geburtstag-was-aendert-sich-im-zusammenleben-mit-den-eltern-.html [Letzter Zugriff: 25.07.2020].

105 Wilbrand-Donzelli, n. (2017). Endlich 18! Was ändert sich im Zusammenleben mit den Eltern.

106 Pöhler, D. (2019). Filesharing: Eltern haften für volljährige Kinder. Abrufbar unter: https://www.finanztip.de/blog/filesharing-eltern-haften-fuer-volljaehrige-kinder/ [Letzter Zugriff: 23.08.2020].

107 Pöhler, D. (2019). Filesharing: Eltern haften für volljährige Kinder.

108 o. A. (2020). Hafte ich für verschuldete Partner, Geschwister, Kinder und Eltern? Abrufbar unter: https://www.focus.de/finanzen/recht/privatinsolvenz/bei-jedem-dreizehnten-ist-nichts-zu-pfaenden-hafte-ich-fuer-verschuldete-partner-geschwister-kinder_id_3896212.html [Letzter Zugriff: 23.08.2020].

109 Schlüter, H. (2020). Deliktsfähigkeit. Abrufbar unter: http://www.rechtslexikon.net/d/deliktsfaehigkeit/deliktsfaehigkeit.htm [Letzter Zugriff: 23.08.2020].

110 Schwab, D. & Löhning, M. (2007). Einführung in das Zivilrecht. Heidelberg: C.F.Müller.

111 Schlüter, H. (2020). Deliktsfähigkeit.

112 Schwab, D. & Löhning, M. (2007). Einführung in das Zivilrecht.

113 Zerres, T. (2016). Bürgerliches Recht. Berlin: Springer.

114 Steinwachs, S. (2020). Zivilrecht. Abrufbar unter: https://recht-und-rat.info/zivilrecht/ [Letzter Zugriff: 23.08.2020].

115 Zerres, T. (2016). Bürgerliches Recht.

116 Schlüter, H. (2020). Deliktsfähigkeit. Abrufbar unter: http://www.rechtslexikon.net/d/deliktsfaehigkeit/deliktsfaehigkeit.htm [Letzter Zugriff: 23.08.2020].

117 von Oertzen, R. (2013). Strafgesetzbuch (StGB) und Strafrecht. Abrufbar unter: http://www.stgb.de [Letzter Zugriff: 23.08.2020].

118 PriorMart GmbH (2020). Bußgeldkatalog - Alkohol auf dem Fahrrad. Abrufbar unter: https://www.bussgeldkatalog.de/promillegrenze-fahrrad/ [Letzter Zugriff: 24.08.2020].

119 Krumm, C. (2011). Der neue Bußgeldkatalog. München: C.H.Beck.

120 PriorMart GmbH (2020). Punkte in Flensburg. Abrufbar unter: https://www.bussgeldkatalog.de/punkte-flensburg/ [Letzter Zugriff: 24.08.2020].

121 ADAC (2020). E-Scooter: Diese Regeln gelten für Elektroroller. Abrufbar unter: https://www.adac.de/rund-ums-fahrzeug/elektromobilitaet/elektrofahrzeuge/e-scooter/ [Letzter Zugriff: 24.08.2020].

122 DVR (2020). E-Scooter: Regeln, Risiken und Hinweise. Abrufbar unter: https://www.dvr.de/fileadmin/downloads/broschueren-flyer/flyer-escooter.pdf [Letzter Zugriff: 24.08.2020].

123 PriorMart GmbH (2020). Mit dem E-Scooter die Promillegrenze überschritten: Sanktionen. Abrufbar unter: https://www.bussgeldkatalog.de/e-scooter-promille/ [Letzter Zugriff: 24.08.2020].

124 Pfeiffer, S. & Müller, D. (2020). Quo vadis Herr Scheuer? Tretroller mit Elektroantrieb in einer ersten Zwischenbilanz. Polizei, 111(1), S. 1-4.

125 Strohm, P.C. et al. (2005). Polytrauma bei Fahrradfahrern. Der Unfallchirurg, 108, S. 1022-1028.

126 Haase, E. (2020). Der Fahrradhelm - die Lebensversicherung des Radfahrers. Zeitschrift für Verkehrserziehung, 52 (3), S. 8-10.

127 Uluk, d. et al. (2020). E-Scooter: erste Erkenntnisse über Unfallursachen und Verletzungsmuster. Notfall Rettungsmed, 23, S. 293-298.

128 Wüster, J. et al. (2020). Impact of the Rising Number of Rentable E-Scooter Accidents on Emergency Care in Berlin 6 Months after the Introduction: A Maxillofacial Perspective. doi.org: 10.1177%2F1943387520940180

129 Uluk, d. et al. (2020). E-Scooter: erste Erkenntnisse über Unfallursachen und Verletzungsmuster.

130 Destatis (2019). Verkehrsunfälle. Unfälle unter dem Einfluss von Alkohol oder anderen berauschenden Mitteln im Straßenverkehr 2018. Abrufbar unter: https://www.destatis.de/DE/Themen/Gesellschaft-Umwelt/Verkehrsunfaelle/Publikationen/Downloads-Verkehrsunfaelle/unfaelle-alkohol-5462404187004.pdf?__blob=publicationFile [Letzter Zugriff: 24.08.2020].

131 Holterhoff-Schulte, I. (2003). Junge Männer im Straßenverkehr - Voll im Griff - Ein Projekt zur Prävention alkoholbedingter Unfälle. Suchttherapie, 4(4), S. 200-202.

132 Destatis (2019). Verkehrsunfälle. Unfälle unter dem Einfluss von Alkohol oder anderen berauschenden Mitteln im Straßenverkehr 2018.

133 PriorMart GmbH (2020). Alkohol und Drogen am Steuer. Abrufbar unter: https://www.bussgeldkatalog.org/alkohol-drogen/ [Letzter Zugriff: 24.08.2020].

134 ACV (2020). Alkohol am Steuer in der Probezeit. Abrufbar unter: https://www.acv.de/ratgeber/fahranfaenger/probezeit/alkohol-probezeit [Letzter Zugriff: 24.08.2020].

135 Krumm, C. (2011). Der neue Bußgeldkatalog. München: C.H.Beck.

136 Kuntze, S. (2020). Aufbewahrungsfristen - private Verträge, Rechnungen oder Kontoauszüge, wie lange sollte man sie behalten? Abrufbar unter: https://aufbewahrungsfristen.org/privat/#Lebenslange%20Aufbewahrungsfrist%20gilt%20bei%20Rentenunterlagen%20und%20ärztlichen%20Unterlagen [Letzter Zugriff: 04.07.2020]

137 Müller, C. (2020). Behördenpost: Als Empfänger können Sie auf Formalien pochen. Abrufbar unter: https://www.deutscher-wirtschaftsbrief.de/wirtschaft_politik/behoerdenpost-als-empfaenger-koennen-sie-auf-die-einhaltung-der-formalien-pochen [Letzter Zugriff: 03.07.2020]

138 Bertram, S. (2020). Zugangsvermutung für Behördenpost gilt nicht immer. Abrufbar unter: https://www.gegen-hartz.de/urteile/zugangsvermutung-fuer-behoerdenpost-gilt-nicht-immer-710011 [Letzter Zugriff: 03.07.2020]

139 Persiel, S. (2020). Unterschiede zwischen Einschreiben und Einwurf-Einschreiben. Abrufbar unter: https://www.paketda.de/verschicken/einschreiben.html [Letzter Zugriff: 03.07.2020]

140 ebenda, BGH II ZR 299/15, BGH Urteil vom 8.1.2014 IV ZR 206/13, NJW 2014, 1010 Rn.8

141 Hoyer, N. (2016). Steuererklärung für Anfänger. Abrufbar unter: https://www.wiwo.de/finanzen/steuern-recht/steuer-2016-steuererklaerung-fuer-anfaenger/13538140.html [04.07.2020]

142 Lohnsteuerberatungsverbund e.V. (2020). Wann ist die Abgabe einer Steuererklärung Pflicht? Abrufbar unter: https://www.steuerverbund.de/steuertipps/einzelansicht/artikelansicht/wann-ist-die-abgabe-einer-steuererklaerung-pflicht/ [Letzter Zugriff: 04.07.2020]

143 Ruprecht, M. (2020). Steuerklassen. Abrufbar unter: https://www.steuerklassen.com [Letzter Zugriff: 04.07.2020]

144 Köstler, B. (2020). Steuererklärung lohnt sich auch für Azubis. Abrufbar unter: https://www.deutsche-handwerks-zeitung.de/steuererklaerung-lohnt-sich-auch-fuer-azubis/150/9447/200487 [Letzter Zugriff: 04.07.2020]

145 VR (2020). Steuererklärung als Student. Abrufbar unter: https://www.vr.de/privatkunden/news/steuererklaerung-als-student.html [04.07.2020]

146 Köstler, B. (2020). Steuererklärung lohnt sich auch für Azubis. Abrufbar unter: https://www.deutsche-handwerks-zeitung.de/steuererklaerung-lohnt-sich-auch-fuer-azubis/150/9447/200487 [Letzter Zugriff: 04.07.2020]

147 VR (2020). Steuererklärung als Student. Abrufbar unter: https://www.vr.de/privatkunden/news/steuererklaerung-als-student.html [04.07.2020]

148 Lohnsteuerberatungsverbund e.V. (2020). Wann ist die Abgabe einer Steuererklärung Pflicht? Abrufbar unter: https://www.steuerverbund.de/steuertipps/einzelansicht/artikelansicht/wann-ist-die-abgabe-einer-steuererklaerung-pflicht/ [Letzter Zugriff: 04.07.2020]

149 Ambros, M. (2020). Schwarzarbeit: Definition, Gesetz, Folgen. Abrufbar unter: https://www.arbeitsrechte.de/schwarzarbeit/ [Letzter Zugriff: 19.08.2020].

150 BMJ (2004). Gesetz zur Bekämpfung der Schwarzarbeit und illegalen Beschäftigung. Abrufbar unter: https://www.gesetze-im-internet.de/schwarzarbg_2004/BJNR184210004.html#BJNR184210004BJNG000100000 [Letzter Zugriff: 19.08.2020].

151 Ambros, M. (2020). Schwarzarbeit: Definition, Gesetz, Folgen. Abrufbar unter: https://www.arbeitsrechte.de/schwarzarbeit/ [Letzter Zugriff: 19.08.2020].

152 BfA (2020). Minijob. Abrufbar unter: https://www.arbeitsagentur.de/lexikon/minijob [Letzter Zugriff: 20.08.20].

153 BMJ (2019). Grundgesetz für die Bundesrepublik Deutschland. Art 12. Abrufbar unter: https://www.gesetze-im-internet.de/gg/art_12.html [Letzter Zugriff: 20.08.2020].

154 YoungCapital Group B.V. (2020). Ihr Recht auf den Zweitjob bzw. Nebenjob. Abrufbar unter: https://www.nebenjob.de/ratgeber/2479-ihr-recht-auf-den-zweitjob-bzw-nebenjob [20.08.2020].

155 YoungCapital Group B.V. (2020). Ihr Recht auf den Zweitjob bzw. Nebenjob.

156 Lüttgen, C. (2012). Nach dem Abitur auf die schiefe Bahn geraten. Abrufbar unter: https://ga.de/region/nach-dem-abitur-auf-die-schiefe-bahn-geraten_aid-40842877 [Letzter Zugriff: 20.08.2020].

157 Lecturio (2016). Kriminalität und Alter - Warum die Jugend immer am schlimmsten ist. Abrufbar unter: https://www.lecturio.de/magazin/kriminalitaet-und-alter/ [Letzter Zugriff: 20.08.2020].

158 Heinz, W. (2016). Jugendkriminalität - Zahlen und Fakten. Abrufbar unter: https://www.bpb.de/politik/innenpolitik/gangsterlaeufer/203562/zahlen-und-fakten [Letzter Zugriff: 20.08.2020].

159 Scheffler, G. (2005). Wenn Jugendliche straffällig werden. Ein Leitfaden für die Praxis. Bonn: Bundesarbeitsgemeinschaft für Straffälligenhilfe e. V.

160 Caritas (2020). Jung, straffällig - und nun? Abrufbar unter: https://www.caritas.de/hilfeundberatung/ratgeber/haft/straffaelligejugendliche/straffaelligejugendliche.aspx [Letzter Zugriff: 20.08.2020].

161 Mai, J. (2016). Warum die Snooze-Taste besser ist als ihr Ruf. Abrufbar unter: https://karrierebibel.de/snooze-taste/ [Letzter Zugriff: 22.07.2020].

162 BaA (2020). Welche Berufe passen zu mir. Abrufbar unter: https://www.arbeitsagentur.de/bildung/ausbildung/welche-berufe-passen [Letzter Zugriff: 20.08.2020].

163 Ausbildungspark Verlag GmbH (2020). Berufswahltest. Abrufbar unter: https://www.ausbildungspark.com/berufstest/ [Letzter Zugriff: 20.08.2020].

164 MM New Media GmbH (2020). Job Hopping. Abrufbar unter: https://unternehmer.de/lexikon/existenzgruender-lexikon/job-hopping [Letzter Zugriff: 20.08.2020].

165 kununu GmbH (2018). Job-Hopping - von einem Arbeitgeber zum nächsten hüpfen. Abrufbar unter: https://news.kununu.com/job-hopping-von-einem-arbeitgeber-zum-naechsten-huepfen/ [Letzter Zugriff: 20.08.2020].

166 MM New Media GmbH (2020). Job Hopping.

167 kununu GmbH (2018). Job-Hopping - von einem Arbeitgeber zum nächsten hüpfen.

168 Eichwald, F. (2020). Bossing - Wenn der Chef Sie auf der Abschussliste hat. Abrufbar unter: https://arbeits-abc.de/bossing-wenn-der-chef-sie-auf-der-abschussliste-hat/ [Letzter Zugriff: 03.08.2020].

169 Fachstelle Gender & Diversität NRW (2020). #Bodyshaming. Abrufbar unter: https://www.gender-nrw.de/bodyshaming/ [Letzter Zugriff: 20.08.2020].

170 Fachstelle Gender & Diversität NRW (2020). #Bodyshaming.

171 Tyrrell, J. et al. (2016). Height, body mass index, and socioeconomic status: mendalian randomisation study in UK Biobank. BMJ, 352, S. i582.

172 Hamberger, B. (2019). Body Shaming - so schützt man sich. Abrufbar unter: https://www.tk.de/techniker/magazin/life-balance/wohlbefinden/body-shaming-2074152 [Letzter Zugriff: 20.08.2020].

173 Schulte, J. (2018). Wir müssen aufhören, unser Bodyshaming hinter »Gesundheitsbedenken« zu verstecken. Abrufbar unter: https://www.stern.de/neon/herz/psyche-gesundheit/bodyshaming-wir-muessen-aufhoeren-unser-mobbing-hinter-gesundheits-bedenken-zu-verstecken-8478696.html [Letzter Zugriff: 20.08.2020].

174 Die Bundesregierung (2018). Merkel: »Das Internet ist kein rechtsfreier Raum«. Abrufbar unter: https://www.bundesregierung.de/breg-de/mediathek/kanzlerin-podcast/merkel-das-internet-ist-kein-rechtsfreier-raum--1007676 [Letzter Zugriff: 20.08.2020].

175 Banse, P. (2009). Das Internet - ein rechtsfreier Raum? Abrufbar unter: https://www.deutschlandfunk.de/das-internet-ein-rechtsfreier-raum.724.de.html?dram:article_id=99567 [Letzter Zugriff: 20.08.2020].

176 dpa (2001). Das Internet ist kein rechtsfreier Raum. Abrufbar unter: https://www.heise.de/newsticker/meldung/Das-Internet-ist-kein-rechtsfreier-Raum-41360.html [Letzter Zugriff: 20.08.2020].

177 Warkentin, N. (2018). Aussitzen: Eine gute Strategie? Abrufbar unter: https://karrierebibel.de/aussitzen/ [Letzter Zugriff: 20.08.2020].

178 Warkentin, N. (2018). Aussitzen: Eine gute Strategie?

179 Weißes Kreuz e. V. (2020).Gemeinsame Beziehungsgestaltung. Abrufbar unter: https://www.weisses-kreuz.de/beziehungen-gestalten/zum-thema-beziehungen-gestalten/gemeinsame-beziehungsgestaltung [Letzter Zugriff: 21.08.2020].

180 cis-Mann/ cis-Frau: die Geschlechtsidentität entspricht dem bei der Geburt zugewiesenen Geschlecht. vgl.

181 Kühne A. (2016). Was bedeutet Cisgender. Abrufbar unter: https://www.tagesspiegel.de/gesellschaft/queerspiegel/das-queer-lexikon-was-bedeutet-cisgender/12792450.html [Letzter Zugriff: 21.08.2020].

182 Ruhl, R. (2020). Elternzeit - Wie sage ich es dem Chef? Abrufbar unter: https://www.vaeter-zeit.de/elternzeit-04/interview-hans-georg-nelles.php [Letzter Zugriff: 21.08.2020].

183 BMFSFJ (2020). Eine Adoption ist für viele Paare die einzige Möglichkeit, ihren Kinderwunsch zu erfüllen. Im Mittelpunkt der Adoptionsvermittlung steht immer das Wohl des Kindes. Abrufbar unter: https://www.bmfsfj.de/bmfsfj/themen/familie/schwangerschaft-und-kinderwunsch/adoption/adoptionen-und-adoptionsvermittlung/73952 [Letzter Zugriff: 21.07.2020].

184 Gemeinsamer Bundesausschuss (g-ba) (2020). Künstliche Befruchtung. Abrufbar unter: https://www.g-ba.de/themen/methodenbewertung/ambulant/kuenstliche-befruchtung/ [Letzter Zugriff: 21.07.2020].

185 BAJ (2020). Gesetz über Ordnungswidrigkeiten (OWiG) § 118 Belästigung der Allgemeinheit. Abrufbar unter: https://www.gesetze-im-internet.de/owig_1968/__118.html [Letzter Zugriff: 21.08.2020].

186 BAJ (2020). Strafgesetzbuch (StGB) § 184i Sexuelle Belästigung. Abrufbar unter: https://www.gesetze-im-internet.de/stgb/__184i.html [Letzter Zugriff: 21.08.2020].

187 BAJ (2020). Allgemeines Gleichbehandlungsgesetz (AGG) § 3 Begriffsbestimmungen. Abrufbar unter: https://www.gesetze-im-internet.de/agg/__3.html [Letzter Zugriff: 21.08.2020].

188 BAJ (2020). Gesetz über Ordnungswidrigkeiten (OWiG) § 118 Belästigung der Allgemeinheit. [online]

189 Weierstall, R. & Elbert, T. (2012). Formen und Klassifikation menschlicher Aggression. In: Endrass, J. et al. (Hrsg.), Interventionen bei Gewalt- und Sexualstraftäten: Risk-Management, Methoden und Konzepte der forensischen Therapie. Berlin: Med.-Wiss. Verlagsgesellschaft, S. 3-14.

190 Evidero GmbH (2020). (Gefährliche) Wut im Bauch: 4 Arten von Aggression, die dir im Alltag begegnen. Abrufbar unter: https://www.evidero.de/aggressionen-im-alltag [Letzter Zugriff: 21.08.2020].

191 Die Drogenbeauftrage der Bundesregierung (2020). Europäische Drogen- und Suchtpolitik Abrufbar unter: https://www.drogenbeauftragte.de/themen/internationales/europaeische-drogen-und-suchtpolitik.html [Letzter Zugriff: 21.08.2020].

192 BtMG (1994). Betäubungsmittelgesetz. § 29 Straftaten. Abrufbar unter: https://dejure.org/gesetze/BtMG/29.html [Letzter Zugriff: 21.08.2020].

193 bpb (2015). Duden Recht A-Z. Fachlexikon für Studium, Ausbildung und Beruf. Bonn: Bundeszentrale für politische Bildung (Lizenzausgabe).

194 Brühl, J. (2013). Ohne Gnade. Abrufbar unter: https://www.sueddeutsche.de/politik/strafen-fuer-drogendelikte-in-den-usa-ohne-gnade-1.1800890 [Letzter Zugriff: 21.08.2020].

195 Poppe, M. (2015). Vorsicht Todesstrafe! In diesen Ländern müssen Sie gut auf sich aufpassen. Abrufbar unter: https://www.focus.de/politik/ausland/malediven-aegypten-sri-lanka-thailand-usa-japan-vorsicht-todesstrafe-in-diesen-laendern-muessen-sie-gut-auf-sich-aufpassen_id_4651500.html [Letzter Zugriff: 21.08.2020].

196 ARAG (2020). Verwarn- und Bußgelder bei Verschmutzung mit Zigarettenkippen. Abrufbar unter: https://www.arag.de/service/infos-und-news/rechtstipps-und-gerichtsurteile/sonstige/07843/ [Letzter Zugriff: 21.07.2020].

197 Wittkowski, F. (2020). Bußgeldkatalog: Müll und Abfallentsorgung. Abrufbar unter: https://www.bussgeld-info.de/muell-muellentsorgung/ [Letzter Zugriff: 21.07.2020].

BILDNACHWEISE

https://stock.adobe.com

© Erik DePrince	#64844529
© veekicl	#157227415, #135237810
© IconWeb	#119441454
© drawlab19	#328448739
© Rassco	#102310243
© pikovit	#171484095
© lezhepyoka	#217721108

ABKÜRZUNGSVERZEICHNIS

AGG	Allgemeines Gleichbehandlungsgesetz
Az	Aktenzeichen
BAföG	Bundesausbildungsförderungsgesetz (in der Praxis wird der Begriff häufig synonym für die Ausbildungsförderung verwendet)
BGB	Bürgerliches Gesetzbuch
BMV-Ä	Bundesmantelvertrag Ärzte
EStG	Einkommenssteuergesetz
GG	Grundgesetz
GKV	Gesetzliche Krankenversicherung
JVA	Justizvollzugsanstalt
ÖPNV	Öffentlicher Personennahverkehr
OWiG	Ordnungswiedrigkeit
PKV	Private Krankenversicherung
SchwarzArbG	Schwarzarbeiterbekämpfungsgesetz
SGB	Sozialgesetzbuch
StGB	Strafgesetzbuch
WG	Wohngemeinschaft

IMPRESSUM

Tom Bernhardt, Spittelleite 6, 96450 Coburg, tom.ber@live.de

Lektorat: Tina Müller

Layout & Satz: PriSign – Julia Grün

1. Auflage 2021

978-3-9822785-5-1

Printed in Poland
by Amazon Fulfillment
Poland Sp. z o.o., Wrocław

79899961R00110